Marl
in alten Ansichten Band 2

Marl in alten Ansichten Band 2

von
Rolf Pollberg

Europäische Bibliothek – Zaltbommel/Niederlande

Kurzbiographie des Autors:
Rolf Pollberg ist geboren am 18. März 1964 in Herten (Kreis Recklinghausen). 1980 mittlere Reife am Hittorf-Gymnasium in Recklinghausen. Seit 1980 Stadtverwaltung Marl (mittlerer Verwaltungsdienst). 1985 Fachhochschulreife (2. Bildungsweg). Seit 1989 Archivar bei der Stadt Marl. 1989 bis 1991 praktische Archivtätigkeit und -ausbildung in den Stadtarchiven Marl und Dortmund. 1991/92 Facharchivarische Ausbildung (12. Fachlehrgang für Kommunal- und Kirchenarchivare des gehobenen Dienstes in Köln). 1994 Prüfung gehobener Archivdienst durch den Landespersonalausschuß im Innenministerium Düsseldorf. Hobbys: Brieftaubensport, Familiengeschichte, Lesen und Privat-PC.

D   ISBN 90 288 5881 4 / CIP

© 1994 Europäische Bibliothek   –   Zaltbommel/Niederlande

Nachdruck und Vervielfältigung jeglicher Art von Bild und Text nur mit schriftlicher Genehmigung des Verlegers und der Stadt Marl.

EINLEITUNG

Nach einer Auflistung von 'Fragen betreffend die geschichtlichen und Kunstdenkmäler zu Marl, Kreis Recklinghausen, Regierungsbezirk Münster' liegt *Marl* in einer sandigen Gegend im Kreis Recklinghausen. Das Dorf ist zugleich Sitz einer Bürgermeisterei. In Marl befinden sich einige vorzügliche Damastwebereien. Die preußische Post befindet sich in Marl seit 200 Jahren in demselben Hause und derselben Familie. Marl hat an öffentlichen Gebäuden eine Kirche, ein Pfarrhaus, ein Schulgebäude, ein Arrestlokal zugleich Spritzenhaus und ein Maschinenhaus. Das Haus Loe und das frühere Karmeliterkloster Leuchterhof, letzteres Domäne des Herzogs von Arenberg, sind alter Bauform aus dem Mittelalter und liegen unmittelbar ersteres rechts, das andere links in der Nähe von Marl. Die Befestigung des Hauses Loe ist teilweise vom Zahn der Zeit zerstört, Türme sind nicht mehr da. Das Haus Loe hat eine Zugbrücke, ein Tor und einen um dasselbe führenden Graben. Eigentümer des Hauses Loe ist Gutsbesitzer Theodore Waldthausen. Das Haus Loe gehörte früher abwechselnd den Familien von Wiedenbrück, von Crane, von Hadde und von Twickel. Kloster Leuchterhof war bis zur Säkularisation Karmeliterkloster und ging dann als Domäne an den Herzog von Arenberg über. Leuchterhof besaßen früher die Eheleute Georg Kaspar Schaumburg und Sibilla Agnes Horst. Bei Übergang des Hauses Loe an den jetzigen Besitzer von Twickel blieb das Patronat über die Kirche zu Marl bestehen. Es gab eine Kirche, das vorwählte Kloster und ein Armenhaus. Die Jahreszahl des Kirchbaus läßt sich nicht entziffern. Sie ist trotz An- und Ausbau im ganzen romanischer Bauform und wird im nächsten Jahr abgebrochen und umgebaut. Besitzer ist die Kirchengemeinde Marl. Die Zeit der Erbauung des Armenhauses ist auch unbekannt. Es gehört der Kirchengemeinde. Zwei kleine, hölzerne Heiligenhäuschen, sechs hölzerne Kreuze mit Linden umgeben, die sich durch Alter, Material oder Kunst auszeichnen, befinden sich in Marl.

Polsum. Das Dorf Polsum und die damit verbundenen umherliegenden Bauerschaften bilden eine Gemeinde der Bürgermeisterei Marl. An öffentlichen Gebäuden besitzt Polsum eine Kirche, ein Pfarrhaus und eine Schule. Die ehemalige deutsche Ordenskommende Hasselt ist jetzt Domäne des Herzogs von Arenberg. Das Hauptgebäude der Kommende ist bereits wegen Baufälligkeit abgebrochen und an dessen Stelle eine neue Pächterwohnung eingerichtet worden. Nur zwei alte Gebäude aus früherer Zeit sind noch vorhanden. Bruchstücke des ehemaligen Walles und des Grabens, der teilweise zugeworfen ist, sind noch zu sehen. Tor und Brücke sind nicht mehr da. In Polsum befindet sich eine in den vorigen Tagen durch Neubau vollendete Kirche. Es befinden sich in Polsum drei mit Bauten umgebene, hölzerne Kreuze.

Hamm liegt in einer sehr sandigen Gegend. Es ist kein Dorf, sondern eine aus mehreren Bauerschaften zusammengesetzte Gemeinde der Bürgermeisterei Marl. Die Gemeinde oder Ortschaft Hamm ist in keinerlei Weise befestigt. In der Nähe der Lippe steht die Kirche. Dort stand in uralter Zeit ein Ritterschloß, dessen Ruinen durch die Zeit untergegangen sind. Nur die daran haftende Jagdgerechtigkeit wurde noch vor wenigen Jahren durch den Grafen von Droste-Nesselrode angekauft und ausgeübt, bis auch diese durch das Jagdgesetz erlosch. Hamm besitzt eine Hauptkirche, ein Pfarrhaus und ein Schulhaus, außerdem aber auch in der Bauerschaft Bossendorf die älteste Kirche hiesiger Gegend, kommend aus grauer heidnischer Vorzeit, in welcher der Sage nach die Sankt Bonifatius (Winfried) die ersten Christen getauft haben soll. Die alte Kirche ist von gotischer Form und mit einer kleinen Spitze versehen. Sie hat noch fortwährend das Recht, daß in ihr der Pfarrer von Hamm alle gesetzlichen pfarramtlichen Handlungen vollziehen darf. An den Prozessionsstationen gibt es noch einige hölzerne Kreuze, die mit Linden umgeben sind. Hamm wird einerseits von der Lippe und anderseits von der Haard begrenzt. So sah es in der Bürgermeisterei Marl und den mit ihr verbundenen Gemeinden Polsum und Hamm also um 1855 aus. Bevor wir jedoch unsere Blicke auf die 'alten Ansichten' von Marl richten, wird der Werdegang Marls in einer Kurzchronik dargestellt. Bereits 890 n. Chr. fand der Ort in den Heberegistern der Benediktinerabtei zu Werden seine erste schriftliche Erwähnung ('Meronhlare'). Den wechselvollen Ereignissen des letzten Jahrtausends hatte das kleine Dörfchen Marl seinen Tribut zu zahlen. So wurde Marl im Laufe der Jahrhunderte immer wieder von Kriegen, wie z.B. der Dreißigjährige Krieg, der Truchsessische Krieg, der Siebenjährige Krieg oder Erbfolgekriege benachbarter Territorialherren, sowie Krankheiten und Hungersnöten getroffen. Durchziehende Soldaten haben Marl mehrfach geplündert und gebrandschatzt. Am Anfang des 19. Jahrhunderts wurde die auf Grund der von den Franzosen eingeführten Reformen neu entstandene 'Mairie' Marl zum 'Canton' Dorsten geschlagen und bestand aus den Kirchspielen Hamm, Polsum und Marl. Nach dem Einzug preußischer und russischer Truppen im Jahre 1813 endete die französische Herrschaft und die 'Mairien' wurden durch 'Bürgermeistereien' ersetzt. Am 31. Oktober 1841 löste die Regierung in Münster die seit 1820 bestehende Personalunion mit Dorsten auf und es entstand das 'Amt Marl', ein Amtsverband, der sich aus den Gemeinden Marl, Hamm, Polsum und Altendorf-Ulfkotte zusammensetzte. Durch die Auflösung des Amtes Recklinghausen am 1. April 1926 konnte sich die Gemeinde Marl durch den Zuwachs aus den Ortschaften Sinsen, Hüls, Lenkerbeck und Löntrop stark vergrößern. Durch den einsetzenden Bergbau am Anfang des 20. Jahrhunderts ausgehend von den Zechen Auguste Victoria und Brassert, erhielt Marl den eigentlichen Entwicklungs-'Boom'. An die Stelle der Landwirtschaft und des Weberhandwerks trat der Bergbau als strukturbestimmender Faktor und Haupterwerbsgrundlage der Bevölkerung. Mit Ansiedlung des Bergbaus entstanden 1908 die ersten Bergarbeiter-'Kolonien' in Hüls und Brassert. Später spielte neben dem Bergbau insbesondere die chemische Industrie eine große Rolle. 1938 wurden die Chemischen Werke Hüls gegründet. Bereits in den dreißiger Jahren waren aufgrund der Struktur, Siedlungsform, Einwohnerzahl usw. die Voraussetzungen für eine Stadtwerdung Marls gemäß der 'Deutschen Gemeindeordnung vom 30. Januar 1935' erfüllt. So erhielt Marl am 20. April 1936 durch den Oberpräsidenten der Provinz Westfalen, Freiherr von Lüninck, das Recht, sich 'Stadt' nennen zu dürfen. Dies war kein Gunstbeweis durch die nationalsozialistischen Machthaber, sondern hier wurde der Status einer Gemeinde, die städtisches Gepräge erkennen ließ, mit der Bezeichnung 'Stadt' amtlich dokumentiert. Mit dieser Stadtwerdung befand sich Marl auf einem ersten Höhepunkt seiner Entwicklung.

Der Zweite Weltkrieg warf Marl in seiner Entwicklung wieder zurück. Erst nach dem Zweiten Weltkrieg und unter demokratischen Verhältnissen blühte Marl wieder auf. Mit der kommunalen Neugliederung am 1. Januar 1975 wurde das 'Amt Marl' als Gemeindeverband aufgelöst und die 'Stadt' Marl neu gebildet. Hinsichtlich Grenzzuschnitt, Fläche und Bevölkerungszahl haben sich nur geringe Veränderungen ergeben. Bis heute ist die Entwicklung von Marl noch lange nicht abgeschlossen. Dennoch muß an dieser Stelle gesagt werden: Marl konnte sich bis heute zu einem leistungsfähigen Gemeinwesen entwickeln, das an der Grenze Ruhrgebiet/Münsterland ein eigenständiges Gesicht und Gewicht hat.

Abschließend möchte ich mich bei allen Personen und Institutionen, die mir bei der Erstellung des Bildbandes hilfreich zur Seite gestanden haben, bedanken, insbesondere für die Unterstützung durch meinen Arbeitskollegen, Herrn Kirch, der hier für seine ergänzenden Hinweise Erwähnung finden muß.

1. Die geographische Lage des Marler Raumes wird mit diesem Kartenausschnitt des 'Vestes Recklinghausen um 1700' bezeichnet. Die Bezeichnung 'Vest' bedeutet soviel wie 'umschlossener Bezirk' und wird urkundlich erstmals im Jahre 1341 erwähnt. Marl ist geschichtlich und politisch Bestandteil dieses zwischen Emscher und Lippe gelegenen Gebietes, das nicht nur kirchlich, sondern auch weltlich in den Herrschaftsbereich des Kölner Erzbischofs gehört. Die Grenzen des Vestes sind größtenteils naturbedingt. Im Norden und Osten trennt die Lippe das Vest vom Gebiet des Fürstbischofs von Münster, im Süden stellen die Niederungen und Sümpfe der Emscher die Grenze zur Grafschaft Mark und dem Stift Essen, im Westen wird das Gebiet durch den Kölnischen Wald und Ödland vom Herzogtum Kleve abgegrenzt. Nur im schmalen östlichen Zipfel, beim Kirchspiel Waltrop, fehlt diese naturbedingte Grenze. Die Herrschaft des Kölner Erzbischofs endet 1802/03 durch die Säkularisation.

2. Das Foto zeigt den Blick auf die Kirche St. Georg, von der Hochstraße aus. Die älteste sichere Nachricht über eine Kirche in Marl findet sich in einem Inkorporationsverzeichnis des Klosters Deutz. Die Kirche in Marl ist dem Kloster zu Deutz inkorporiert, d.h. es handelt sich um eine Schenkung des Grafen Balderich von Oplathe an die Abtei Deutz und ihrem Stifter dem Heiligen Heribert von Köln. Diese erste Kirche in Marl ist nur ein Holzgebäude gewesen, eine zweite wahrscheinlich ebenfalls. Von diesen Holzbauten ist nicht die geringste Erinnerung erhalten geblieben. Vom ältesten steinernen Kirchenbau rührt der untere Teil des Turmes, der im 12. bis 13. Jahrhundert aus roh behauenen Bruchsteinen erbaut wurde. Außer dem Turm und dem Taufbrunnen, der aus dem 12. Jahrhundert stammt, ist aus der ältesten Zeit nichts mehr vorhanden. Zur Kirche wurde der Grundstein am 2. September 1856 gelegt, nachdem sie mit Ausnahme des Turmes, nach häufigem Um- und Anbauen im 15. und 16. Jahrhundert, 1850 abgebrochen wurde.

3. Zu schweren Belastungen für die Bevölkerung von Stadt und Amt Marl kommt es in den Jahren 1923-1924. Franzosen und Belgier dringen zur angeblichen Sicherung ihrer Holz- und Kohleforderungen ins Ruhrrevier ein. Am 15. Januar 1923 rücken französische Soldaten in Marl ein. Sie werden aber schon am folgenden Tag von belgischen Soldaten ersetzt. Zeitweilig liegen bis zu 1200 Belgier in Marl. Ihnen werden Plünderungen von Geschäften, Straßenraub, Überfalle, sogar Vergewaltigungen und Mißhandlungen vorgeworfen. Zu einem besonders schweren Verkehrsunfall kommt es am 23. März 1924 um 20.10 Uhr vor dem Marler Amtshaus an der Haltestelle 'Amt Marl'. Angetrunkene belgische Soldaten halten mit Waffengewalt eine Straßenbahn an, überwältigen das Bedienungspersonal und treiben die Fahrgäste heraus. Vor dem Amtshaus stoßen sie auf einen anderen Straßenbahnwagen der Linie Recklinghausen-Dorsten. Dabei werden 17 Fahrgäste verletzt, ohne daß die Schuldigen sich für Ihre Tat verantworten müssen. Am 6. November 1924 endet die Besetzung durch belgische Truppen. Für die Bevölkerung bedeutet dies eine erhebliche Erleichterung.

4. Personal des Amtes Marl im Jahre 1910. Amtman (Amtsdirektor) ist Albert Barkhaus, der leider nicht auf dem Foto abgebildet ist. Er übt die Funktion des Leiters der Marler Amtsverwaltung vom 1. Juli 1881 bis 1. Juli 1921 aus. Sein Geburtsort im Jahre 1852 ist Minden in Westfalen. Er lebt bis zu seinem Tode im Jahre 1933 in Marl. Seine berufliche Tätigkeit beginnt er am 13. Oktober 1872 als Steuerkassengehilfe, ehe er am 1. April 1875 in Recklinghausen als Bürogehilfe eingestellt wird. Nach fast fünfjähriger Tätigkeit wird er am 1. Januar 1880 Amtsekretär in Recklinghausen, später bis 30. Juni 1881 auch Sekretär im Kreisausschluß von Recklinghausen. Am 1. Juli 1881 wird er vom Landrat Recklinghausen in Marl eingestellt. Am 1. Oktober 1882 wird er dann, zunächst kommissarisch, später, am 24. Oktober 1882 endgültig als Amtmann bei der Amtsverwaltung Marl eingestellt. Seine Verdienste sind mit der Umbenennung der ehemaligen Kaiserstraße in Barkhausstraße geehrt worden. Amtsbaumeister (Amtsbaudirektor) ist Johannes Birkenfeld, der auf dem Foto oben links abgebildet ist. Er gilt als Pionier des Vestischen Feuerwehrwesens und hat bis zu seinem Tode am 8. Januar 1957 in Marl gelebt. Amtsoberinspektor ist Josef Custodis, auf dem Bild oben rechts. Er lebt von 1885 bis 25. Januar 1937. Die einzelnen Gemeinden des Amtes Marl haben folgende Vorsteher: Der Landwirt Johann Stoltenberg ist Gemeindevorsteher der Gemeinde Marl. Er nimmt diese Aufgabe von 1903 bis zu seinem Tode im Jahre 1913 wahr. Gemeindevorsteher der Gemeinde Hamm ist von 1909 bis 1919 der Landwirt Wilhelm Amerkamp. Gemeindevorsteher der Gemeinde Polsum in der Zeit vom 1. März 1899 bis 30. August 1919 ist der Landwirt Heinrich Spiekermann. Gemeindevorsteher der Gemeinde Altendorf-Ulfkotte ist vom 1. Januar 1906 bis zu seinem Tode im Jahr 1913 Theodor Schulte-Hemming.

5. Die Marler Heide. Die Beschaffenheit des Bodens ist größtenteils sandig. Während die Böden im Bereich der Sandlößzone des Vestischen Höhenrückens mittelgute natürliche landwirtschaftliche Ertragsbedingungen aufweisen, stellen die fein- bis mittelkörnigen Sande, die den größten Teil des Marler Raumes bedecken, nur geringwertigen Ackerboden dar. Dem Bodentyp nach sind die vorwiegend sandigen Flächen durch einen stark gebleichten rostfarbenen Waldboden gekennzeichnet, der an einigen Stellen durch Zufuhr von Plaggen künstlich verändert und aufgehöht worden ist. So sind im ganzen gesehen die natürlichen landwirtschaftlichen Ertragsbedingungen im Marler Raum als ungünstig zu bezeichnen. Im Westen des Gebietes des Amtes Marl bilden die Kirchhellener Heide und die Dorstener Haard eine Grenze, die sich bis zur Lippe um den Sandstreifen, die 'Marler Heide' genannt, nach Norden verschieben. Bei der fast ebenen Fläche des Marler Heidesandgebietes kann man von einer 'Marler Tafel' sprechen, die sich bis in die Lippeaue hinab erstreckt.

6. Zechenhäuser in der Kolonie Brassert. Durch die massenhafte Zuwanderung von Arbeitskräften für den Bergbau bauen die Zechen zur Deckung des dringendsten Wohnbedarfs nicht gerade sinnvoll. Sie errichten Mietskasernen und Hinterhäuser in gedrängter Bauweise. Auf hygienische Einrichtungen wird nur wenig geachtet. Daneben werden aber auch kleinere ein-, anderthalb und zweistöckige Häuser für zwei bis vier Familien von den Zechen errichtet, die sich allgemein durchsetzen und bis heute das Bild der Zechenkolonie prägen. Die Ziegel werden vielfach auf der Zeche hergestellt. Dazu werden Materialien verwendet, die beim Vortrieb der Strecken sowie der Förderung anfallen und den Ziegeln ihre charakteristische rotbraune Farbe geben. Daraus entsteht die optische Einheitlichkeit der Zechenhäuser, die jedoch durch verschiedene Stilelemente aufgelockert wird. In der Konzeption der Siedlung wird versucht, an bäuerliche Elemente anzuknüpfen. Im Jahre 1900 verfügen 86% der Wohnungen über einen Garten und 96% über einen Stall.

7. In den Gewerbetabellen des Jahres 1818 ist u.a. eine Korn- und Ölmühle zu Sickingmühle verzeichnet. Sie wird durch oberschlächtige Wasserräder angetrieben und verfügt über drei Mahlgänge. Die Kornmühle ist für die Landwirtschaft von besonderer Bedeutung, weil sie nicht nur für den Bauern mahlt, sondern auch das überschüssige Getreide aufkauft. Der Müller betreibt sein Gewerbe im Lohnwerk, und zwar in seiner festen Betriebsstätte als Heimwerker. Er verlangt als Mahllohn eine bestimmte Menge des gemahlenen Korns, den sogenannten Molter oder Multer. Gewöhnlich werden 8-10% gemultert. Die preußische Regierung setzt einen Mahllohn in Geld fest, doch bis weit über das Jahr 1900 verbleibt es beim Multern. Die Ausmahlung an feinem Mehl beträgt 60-70%. Die Kleie verwendet der Bauer als Viehfutter oder zum Backen von Schwarzbrot. Auf den Kornmühlen ist vielfach ein Gang zum Ölschlagen vorhanden. Es gibt aber auch besondere Ölmühlen. Früher gewann man das Öl aus Ölsamen oder Ölfrüchten durch Ölschlägerei, bei der das Schlaggut in Säcke gefüllt und zwischen zwei stehende Platten gelegt wird.

8. Windmühle in Alt-Marl an der Hochstraße. Als erster Marler beantragt Josef Ader bereits im Jahre 1815 eine Genehmigung zum Bau einer Windmühle. Der Bau wird am 8. Januar 1816 genehmigt, die Bekanntgabe der Genehmigung des Landesdirektors Freiherr von Romberg durch den Landrat Stemmer in Essen erfolgt am 15. Januar 1816, doch der Bau unterbleibt. Erst um 1850 läßt ein Heinrich Erwig an der Straße Recklinghausen-Marl die erste Windmühle bauen. Dieser Erwig soll sich nicht gerade gut mit dem Müller Fromme verstanden haben. Dazu erzählt man sich folgende Geschichte: Um die Mitte des 19. Jahrhunderts kann die Wassermühle im Dorf Marl ausgerechnet zur Erntezeit nicht mahlen, weil der Freerbruchbach nur wenig Wasser führt. Der begüterte Handelsmann Heinrich Erwig schlägt dem Müller Fromme vor, er möge zum besseren Betrieb seiner Mühle den versumpften Mühlengraben entschlammen und begradigen lassen. Doch Fromme verschließt sich dem Vorschlag und bleibt allem Drängen gegenüber taub. Daraufhin droht Erwig, ihm 'ein Kreuz vor die Nase zu setzen, an das er sein Lebtag denken werde'. Mit dem Kreuz meint Erwig die überkreuzstehenden Flügel einer Windmühle. Die Errichtung dieser Mühle wird von den Marler Bauern und Köttern sehr begrüßt, da die Wassermühlen zur Erntezeit häufig wegen Wassermangel nicht betrieben werden können. 1875 übernehmen die Gebrüder Wessels die Windmühle. 1908 geht sie durch Erbgang in das Eigentum des Müllers Rütter über. Dieser besorgt sich einen Sauggasmotor, um auch bei Windstille mahlen zu können.

9. Straßenfrontseite der Gaststätte 'Feuerkugel' in Brassert an der Brasserstraße, Inhaber: Heinrich Bromen. Nach einer Zusammenstellung, aufgestellt am 27. September 1912 durch den Amtsbaumeister Birkenfeld, betragen die durch die Ersteinrichtung der Gaststätte entstandenen Kosten 18 457,11 Mark. Die Kosten für die Anlieferung der Möbel betragen 2 925,20 Mark, für die Beleuchtungskörper 562,10 Mark etc. Auch ein Billardzimmer und ein Klavier gehörten zur Innenausstattung bei der Einrichtung der Gaststätte. Später, im Jahre 1922, wird eine Parkettkegelbahn (Scherenbahn) zum Preis von 210 000 Mark montiert. Ebenso wird ein Vereinszimmer eingerichtet. Brasserter Vereine, unter anderem der 'Schlesierverein', und Gesellschaften benutzen die Gaststätte häufig als Vereinslokal sowie Veranstaltungsort. Außerdem bietet die Gaststätte an: Bürgerlichen Mittagstisch, Fremdenzimmer mit Zentralheizung, separate Gesellschaftszimmer für kleine Gesellschaften, schöner schattiger Garten und Tanz im Freien.

10. Die Kreuzung Hochstraße, Barkhausstraße und Vikariestraße in Alt-Marl im Jahre 1940. Die Hochstraße ist eine Teilstrecke der heutigen Bundesstraße 225, die von Dorsten über Marl nach Recklinghausen führt. Nach mehrmaligen, vergeblichen Eingaben verschiedenster Personen in der Zeit von 1846 bis 1868, die alle am völligen Desinteresse des preußischen Staates am Straßenbau im Vest Recklinghausen scheitern, soll im Januar 1869 der Bau einer Straße von Recklinghausen nach Marl besprochen werden. Dazu treffen sich am 14. Januar 1869 Vertreter der Stadt und des Amtes Recklinghausen mit dem Marler Amtmann Lobeck beim Wirt Vollrath in Marl. Ein Bauplan liegt bereits vor. Erst 1891-1892 wird der Bau der Straße fertiggestellt, allerdings nur bis an die Grenze der Stadt Recklinghausen. Auf dem Teil, den die Gemeinde Marl zu erstellen hat, ist die Decklage um im Durchschnitt 4 cm zu schwach. Aus nicht ersichtlichen Gründen ist die Stadt Recklinghausen plötzlich an einer Weiterführung nicht mehr interessiert. Sogar die für diesen Zweck vorher gebildete Rücklage wird nun für andere Zwecke aufgelöst.

HÜLS i. Westf., Krs. Recklinghausen   Gemeinde-Gasthaus „Glückauf"

11. Straßenfrontseite des Gemeinde-Gasthauses 'Glückauf' in Hüls an der Victoriastraße im Jahre 1929. Das Gasthaus ist bereits 1911 ein Mittelpunkt des Hülser Vereins- und Geschäftslebens. Hülser Vereine und Gesellschaften benutzen das Gasthaus als Vereinslokal und als Veranstaltungsort. Der Saal ermöglicht die Veranstaltung von Feierlichkeiten mit 250 bis höchstens 300 Teilnehmern. Häufig sind jedoch mehr als 600 Personen anwesend. Zu erwähnen sind Kaisergeburtstagsfeiern, Sommerfeste, Tanzveranstaltungen u.a.. Der Raum ist, wie Gemeindegasthaus-Verwalter Ossenkamp schreibt, viel zu klein für Feste oder Veranstaltungen derartiger Größenordnung. Er führt die Überfüllung seines Gasthauses auf die ständige Bevölkerungszunahme zurück und bittet um baldmöglichste Vergrößerung des Raumes. Dies wird jedoch abgelehnt. Das Gemeinde-Gasthaus wird um 1910 'zwecks Erholung und Feierabendgestaltung für Fremdarbeiter und Bergleute' unter behördlicher Regie erbaut, eingerichtet und betrieben. Die Verwaltung erfolgt durch einen Kastellan, später allgemein Verwalter genannt.

Stadt Marl

Marl, den 12. Juni 1936

Der Herr Oberpräsident der Provinz Westfalen, der bereits zum 20. April, dem Geburtstage des Führers und Reichskanzlers Adolf Hitler, die Gemeinde Marl zur Stadt erhoben hat, wird am kommenden Sonntag, dem 14. Juni, der Stadt Marl die Stadturkunde überreichen.

Die Stadt Marl erlaubt sich, Sie zu diesem Festakt, der um 12.30 Uhr im großen Saal der Stadtschänke (Pächter Franz Brinkmann, Viktoriastraße 22) stattfindet, herzlich einzuladen.

Der Bürgermeister:

Spingies

12. Am 21. Januar 1936 beschließt der Gemeinderat Marl, einen Antrag auf Verleihung der Bezeichnung 'Stadt' dem Landrat in Recklinghausen vorzulegen. Das Recht, die Bezeichnung 'Stadt' zu führen, soll nur den Gemeinden verliehen werden, die tatsächlich auch ein städtisches Gepräge haben. Der Oberpräsident der Provinz Westfalen hat dazu bereits seine grundsätzliche Bereitschaft erklärt. Er erwartet aber vorher noch die Stellung eines Antrages auf Verleihung eines Wappens. Nachdem ein Antrag auf Genehmigung zur Führung eines Stadtwappens gestellt worden ist, wird die Stadtwerdungsurkunde schon am 20. April 1936 formell ausgefertigt. Auch die Gemeinden Herten und Datteln werden zur Stadt erhoben. Die Urkunde enthält eine Ausdrucksweise, die in Beziehung zur herrschenden Ideologie steht und feiert die Befreiung des Rheinlandes. Am 14. Juni 1936 übergibt der Oberpräsident von Westfalen, Freiherr von Lüninck, dann dem Marler Bürgermeister Spingies diese Urkunde.

13. Die Geschichte des Guido Heiland Bades im Volkspark beginnt mit der Eröffnung der 'Badeanstalt am Mühlenwall' am 13. Juli 1924. Das Bad wird damals als das erste im Vest Recklinghausen überhaupt gefeiert. Der Eintrittspreis beträgt zu der Zeit 0,50 Billionen Mark. Es ist mit seinem Gondelteich, dem neuen Schwimmbad, den schönen Rasenflächen und dem Naturpark eine ideale Naherholungsstätte für die schwerarbeitenden Bergleute im Vest Recklinghausen. Dem in Dunst und Dunkelheit arbeitenden Kumpel soll wenigstens in seiner Freizeit ein Ausgleich in frischer Luft geboten werden. Er soll dort nach der Arbeit Last und Mühe Erholung und Erfrischung finden.

14. Gleichzeitig ist das Bad auch eng mit Teilen der Geschichte der Marler Sozialdemokratie verbunden. Der Mann, dessen Namen das Bad im Volkspark trägt, ist Marls erster sozialdemokratischer Gemeindevorsteher. Er setzt damals gegen den Widerstand von konservativen Bauern und Proteste der katholischen Kirche, die eine Verrohung der Sitten durch eine solch unanständige Einrichtung fürchtete, den Bau dieser öffentlichen Badeanstalt durch. Die katholische Kirche wettert vor allem gegen die 'Nackedeis', die in ihren Augen als unzüchtig und unmoralisch gelten. Den Arbeiter-Turn- und -Sportvereinen hingegen erfüllt sich ein langjährig gehegter Wunsch. Als sich auch ein Privatkonsortium für den Ankauf des Mühlenteiches interessiert, überzeugt Guido Heiland die Gemeinde davon, das sumpfige Gelände entlang der 'Köttelbecke' langfristig zu pachten. Den Namen Guido-Heiland-Bad erhält das Freibad dann im Mai 1959 in Erinnerung an die Person, die den Beschluß zum Bau des Bades maßgeblich durchgesetzt hat.

15. Auguste Victoria, Schacht 4, am 29. September 1940. Blick vom Erzschacht. Von 1928 bis 1931 teuft Auguste Victoria im Südwesten des Grubenfeldes die Schächte 4 und 5 ab. Beim Auffahren einer Verbindungsstrecke wird ein Blei-Zink-Erzlager angefahren, aus dem zwischen 1936 und 1962 rund 5 Millionen Tonnen Roherz gefördert werden, das in nicht zecheneigenen Blei- und Zinkwerken erschmolzen wird. Zur Blütezeit in den fünfziger Jahren ist der Erzbergbau von Auguste Victoria bei Blei wie Zink mit 15 bis 20% an der Bergwerkserzeugung Westdeutschlands beteiligt. Weltweit ist kein Grubenfeld bekannt, aus dem so viele verschiedenartige Bodenschätze aus einem Schacht stammen. Der Erzbergbau ist bis Mitte 1962 betrieben worden, da er Opfer des im Mai 1957 einsetzenden Preisverfalls bei Buntmetallen wird. Die endgültige Stillegung erfolgt dann im Jahre 1966. Im Stadtgebiet Marl ist also rund drei Jahrzehnte lang Bergbau auf silberhaltige Bleizinkerze betrieben worden.

16. Blick vom Erzschacht. Das Erzvorkommen sitzt in einer Zerrspalte, die in 450 bis 500 Meter Tiefe zwischen den Schachtanlagen Auguste Victoria 1/2 in Hüls und Auguste Victoria 4 in Drewer etwa unter der Loemühle hindurch verläuft. Diese Zerrspalte, auch 'Blumenthaler Sprung' genannt, setzt in sehr große Tiefen bis zum 5 000 Meter Tiefe liegenden Magmaherd herunter. Im Endstadium der Erstarrung sind metallhaltige heiße Wässer nach oben gestiegen und haben ihren Metallinhalt in Form von silberhaltigen Bleizinkerzen abgeschieden. Solche mit Erz- und Mineralabsätzen erfüllte Klüfte und Verwerfungen bezeichnet man als 'Gänge'. Das Erzvorkommen von Auguste Victoria ist ein solcher 'echter' Erzgang. Er erhielt den Namen 'William-Köhler-Gang' nach Bergrat Köhler, dem seinerzeitigen Leiter des Bergamtes Recklinghausen. Eine zusätzliche Anreicherung des Sprunges erfolgt durch horizontale Verschiebungen, auch Blattverschiebungen genannt. Diese scheiden den Erzinhalt der auf ihnen hochkommenden heißen Wässer in den schon vorhandenen Erzkörpern des Sprunges ab.

17. Am 26. Juni 1887 ruft Amtmann Barkhaus zur Gründerversammlung der Freiwilligen Feuerwehr auf. Am Gründungstag zählt die Freiwillige Feuerwehr in Marl 54 Mitglieder. Was noch fehlt, ist eine fahrbare Feuerspritze. Bereits 1889 wird von der Gemeinde Marl dann die erste fahrbare Feuerspritze angeschafft, nachdem die Gemeinde Marl schon am 17. Dezember 1885 ersucht wird, in den nächsten Jahren jeweils 200 Reichsmark für die Anschaffung einer Feuerlöschspritze aus ihrem Etat zurückzulegen. In Absprache mit dem Feuerlöschinspektor Modersohn wird eine Handdruck-Feuerspritze zum Preis von 1123 Reichsmark gekauft. Im Preis enthalten sind auch die Feuerlösch-Schläuche, 30 m für den Einsatz und 10 m für die Reserve. Die Gemeinde Marl bringt 749 Reichsmark auf, die Westfälische Provinzial-Feuer-Sozietät beteiligt sich an den Kosten und zahlt eine Beihilfe von 374 Reichsmark. Das damalige Feuerlöschgerät ist in seiner Handhabung einfach zu bedienen. Ein ständiges Üben ist nicht erforderlich.

18. Die Loemühle gehört zu den Gütern des Hauses Loe. Als durch eine drückende Schuldenlast die Sorgen und Nöte auf Haus Loe immer größer werden, versucht der Besitzer Christoph Franz von Wiedenbrück, das Haus Loe mit seinen Gütern für sich und seine Geschwister zu retten. Im Jahre 1789 aber kann die Loemühle von ihm nicht mehr vor einer Zwangsversteigerung gerettet werden, da für sie eine Versteigerung 'angeordnet' wird. Pächter können bei dieser Versteigerung ihre bisher bearbeiteten Ländereien ankaufen. So wird unter anderem auch die Loemühle in Hüls 1789 von ihm versteigert. Das Mindestgebot einschließlich aller dazugehörigen Gebäude und Rechte ist festgesetzt auf 7 500 Reichstaler. Das letzte Angebot von 8 000 Reichstalern macht der Geheimrat von Bracht. Er wird dadurch Eigentümer der Loemühle einschließlich aller Gebäude und Rechte. Schon 1790 verkauft er die Loemühle weiter an den Müller Anton von Horn. Als Eigentümer der Mühle hat Anton von Horn das Recht, die Mahlgäste seines Bezirks zur Benutzung 'seiner Mühle' anzuhalten. Verstöße gegen diesen Mahlzwang werden mit entschädigungsloser Wegnahme des Korns und Entrichtung von 25 Goldgulden bestraft. Der Mahlzwang endet mit Beginn der preußischen Herrschaft. 1818 wird die Kornmühle zu Loemühle in den Gewerbetabellen aufgeführt. Sie wird durch ein oberschlächtiges Wasserrad angetrieben und verfügt über zwei Mahlgänge.

19. Das Handwerk steht zwischen 1812 und 1855 unter dem dominierenden Einfluß der Landwirtschaft. Handwerker betreiben zusätzlich auch Landwirtschaft. Und zwar arbeiten sie im Sommer in der Landwirtschaft und gehen im Winter ihrem Handwerk nach. Eine genaue Abgrenzung, was der Haupterwerb ist, ist nicht möglich. In den verschiedenen Handwerkszweigen, mit Ausnahme der Weberei, sind nennenswerte Änderungen nicht zu verzeichnen. Da überhaupt nur zwei Marler Kaufleute Gewerbesteuer zahlen, ist der Umsatz der Marler Handwerker sehr gering. Dies ändert sich lange Zeit nicht. In den Jahren 1906 bis 1925 nimmt dann die Zahl der Marler Handwerksbetriebe, die auch eine gewisse wirtschaftliche Bedeutung haben, stark zu. Hierbei handelt es sich hauptsächlich um Betriebe des Bau- und Bauhilfsgewerbes. Diese Betriebe arbeiten in 'Daueraufträgen' für die Zechen und Wohnungsbaugesellschaften. Auch der Betrieb des Schreinermeisters Franz Hesterkamp gehört zu diesen Handwerksbetrieben. Die selbstständigen Handwerksmeister haben darunter zu leiden, daß die Zechen und Wohnungsbaugesellschaften ihre starke Stellung bei der Auftragsvergabe preispolitisch ausnutzen und der Bergbau Handwerksgesellen mit höheren Löhnen, kürzerer Arbeitszeit sowie kontinuierlicher, sicherer Beschäftigung an sich zieht. Am 1. April 1930 gibt es in Marl 300 Handwerksbetriebe, davon 14 Schreiner. Die Beschäftigung im Handwerk ist in dieser Zeit sehr schlecht. Der selbstständige Betrieb eines Handwerks ist zunächst an keine Bedingungen geknüpft. Erst mit Einführung einer Gewerbeordnung ist der Betrieb eines Handwerks abhängig davon, eine vorgeschriebene Prüfung erfolgreich bestanden zu haben.

20. Die Brassertstraße, bei der Zechenkolonie Brassert gelegen, ursprünglich der Verbindungsweg vom Kirchdorf zum neuen Schacht. Die Bevölkerungsentwicklung der Kolonie ist bestimmt vom Zuzug junger, fleißiger Knechte und Bauernsöhne, denen durch den konjunkturellen Aufstieg des Bergbaus größere Zukunftsmöglichkeiten als auf dem Lande offen stehen. Die ersten Bergleute der verkehrsmäßig ungünstig liegenden Zeche kommen überwiegend aus Sachsen und den österreichischen Kronländern. Die sächsischen Bergleute sind nach einem großen Streik aus ihrer Heimat ausgewiesen worden und haben sich daraufhin in Brassert anwerben lassen. Damals kann man in Brassert vielfach die sächsische Mundart hören. Die Wohnhäuser der Bergleute werden von den Dortmunder Architekten Dietrich und Karl Schulz, anlehnend an die Gartenstadtarchitektur in Letchworth/England geplant. Auf 800 qm Grundstücksfläche entstehen Gebäude mit 2 bis 4 Wohnungseinheiten, die den Bergleuten auch in begrenztem Umfang eine Haltung von Kleinvieh zur Selbstversorgung erlauben.

21. Die Lippe im Jahre 1928. Mit einer Länge von 14 km bildet sie die nördliche Grenze des Amtes Marl. Nach dem Dreißigjährigen Krieg wird die Schiffahrt auf der Lippe durch hohe Zölle, Sandbänke, Untiefen und Mühlen behindert. Nach mehrmaligen Anregungen bzw. Plänen zur Schiffbarmachung gibt es erst ab 1740 wieder ernsthafte Pläne dazu. Münster und Köln sind gegen eine Lippekanalisierung bzw. -begradigung eingestellt. Sie zerreden das Projekt in vielen Untersuchungskommissionen immer wieder. Die anteiligen Kosten, die auf das Vest Recklinghausen anfallen, belaufen sich auf 38 352 Reichstaler. 1815 bekommt Preußen beide Lippeufer in seinen Besitz. Der jahrhunderte alte Plan zur Lippekanalisierung wird erstmals durchgeführt. Damit werden die Grundlagen für eine großzügige und weitsichtige Verkehrs- und Handelspolitik geschaffen. Dieser Wasserweg erschließt Westfalen verkehrsmäßig, zumal es weder Chausseen noch Eisenbahnen gibt. Das Jahr 1840 ist der Höhepunkt der Lippeschiffahrt, da nun Chausseen gebaut werden und die Frachtsätze auf der Ruhr geringer sind. Außerdem versandet die Lippe.

22. Halter Pforte in Sinsen, Inhaberin: Luise Strassen. Eingang zur Haard. Die Haard ist eines der größten zusammenhängenden Waldgebiete am Nordrand des Ruhrgebiets. Sie ist als Naturschutzgebiet ausgewiesen und hat eine große Bedeutung als Naherholungsgebiet. Ihre Fläche beträgt laut Landschaftsplan 'Die Haard' 72,4 qkm. Die Abgrenzungen zum bebauten Gebiet der Städte Datteln, Haltern, Oer-Erkenschwick und Marl sind mit diesen abgestimmt worden. Der Haardwald besteht vor 1800 fast nur aus Laubhölzern. Er ist Eigentum der umliegenden Siedlungen und dient als 'Mark' den Bedürfnissen der Gesamtheit. Jeder Markgenosse darf soviel Bau-, Brenn- und Nutzholz schlagen, als er für sich braucht, sein Vieh dorthin treiben, anfangs, soviel er will, später mit der Einschränkung, nur selbstgezogene Schweine dorthin zu treiben, und Streu zu holen. Um 1800 gehen dann die Weidebedingungen für das Vieh, verursacht durch Waldrodung ohne natürliche Wiederverjüngung durch eine immer mehr zunehmende Bevölkerung und Holzerzeugung, verloren. Gräser und Kräuter verschwinden. Heide nimmt Überhand. An die Stelle des Viehs treten Schafe und vollenden das Werk, so daß die Haard zum größten Teil von Holz entblößt und mit Heide überzogen ist. Nach 1800 kommt es zu Markenteilungen, bei denen der Herzog von Arenberg die größten Flächen erhält. Bis 1900 dehnt er seinen Besitz durch weiteren Zukauf von Flächen auf fast die ganze Haard aus. Nachdem die Haard vom 1. Mai 1901 an von Forstmeister Lincke aus Haltern betreut wird, erkennt er, daß eine Erneuerung des Haardwaldes notwendig ist und gibt den Anstoß dazu. Im Jahre 1929 geht die Haard in einem ziemlich abgerundeten Zustand in den Besitz der rheinisch-westfälischen Großindustrie über.

23. Die ersten Zechenhäuser am alten Römerweg um 1930. Eine alte Verkehrsverbindung von Westerholt, vorbei am Steinernen Kreuz und an der Langen Hegge, der am Haus des 'Schulten im Hülse' vorbei nach Haltern führt, wird Ende des 18. Jahrhunderts zu einer breiten Landstraße ausgebaut. Die Strecke vom Gehöft des Schulten wird nach Einzug der Industrie fälschlicherweise Römerstraße genannt. In der Ortschaft Hüls tritt 1907 durch Zuwanderung von Bergarbeitern ein erheblicher Wohnungsbedarf ein. Es müssen Unterkünfte für etwa 100 ledige Personen geschaffen werden, um mehr Bergleute anlegen zu können. Die Zeche Auguste Victoria beginnt im Sommer 1908 mit dem Bau der ersten Kolonie. Der Baubeginn verzögert sich einige Zeit, weil die Gemeinde Recklinghausen-Land von der Zeche die dreifache Höhe an Ansiedlungsgebühren wie von privaten Bauherren verlangt. Die Siedlung wird westlich der Schachtanlage, nicht in dem durch vorherrschende Westwinde bestimmten Windschatten der Zeche, ins freie Feld gebaut, um die Bergleute vor Staub und Rauch zu schützen und kurze Wege zur Schachtanlage zu ermöglichen. Im Dezember 1908 können die ersten dreißig Häuser am Römerweg bezogen werden. In den Jahren 1908 und 1909 entstehen in der Kolonie insgesamt 80 Häuser mit 318 Wohnungen.

24. Das Foto zeigt die Haupteinkaufsstraße von Hüls, die Hülsstraße. Hüls besitzt 1952 absolut die meisten Geschäfte aller Marler Ortsteile, und zwar dicht gedrängt auf engem Raum. Diese hohe Anzahl belegt das dortige rege Geschäftsleben. Von den dortigen 218 Geschäften decken 114 den täglichen Bedarf. Der hohe Prozentsatz an Geschäften für periodischen und spezialisierten Bedarf ergibt sich aus der Tatsache, daß Hüls die älteste Marler Bergbausiedlung ist. Außer den Hülser Käufern kommen auch die Bewohner dieser Siedlung zum Einkauf auf der Hülsstraße. Da die Hülser Geschäftsleute reichliche Auswahl verbunden mit großstädtischem Charakter anbieten, kommt es dazu, daß Hüls der belebteste Marler Stadtteil wird. Hüls gehört bis 1926 kommunalpolitisch zur Landgemeinde Recklinghausen, wird aber bis 1909 zur Bauerschaft Löntrop gehörig geführt. Der Ort führt amtlich den Namen Hüls, weil die Bewohner der Hülsheide nachweisen, daß für dieses Gebiet seit alters her der Name Hüls maßgebend gewesen ist.

Josef-Kirche   Drewer-Marl   Erinnerung an die Fahnenweihe 1926 – 27. Juni

25. Durch die wachsende Bevölkerungszahl wird die Frage der Errichtung einer Kirche in Drewer immer wichtiger. Schon seit 1910 wird vom Kirchenbauverein eifrig für diesen Zweck gesammelt. Die Hoffnung auf eine neue Kirche wird erfüllt, als sich Pfarrer Grove die günstige Gelegenheit bietet, nicht nur ein Grundstück, sondern sofort auch ein Bauwerk zu kaufen, das zur Kirche und Rektorwohnung umgebaut werden kann. Es ist das Kinderheim in Drewer-Nord. Im Juli 1922 wird es von der Pfarrgemeinde Marl erworben. Das Kinderheim geht in katholischen Besitz über. Das Haus wird für kirchliche Zwecke eingerichtet. Im November 1922 wird das Heim für die Bewohner von Drewer als Notkirche eingerichtet. Es erhält den Namen 'St. Josef-Haus'. 1923 wird die große Kapelle angebaut und zudem eine Rektorwohnung eingerichtet. Als erster Pfarr-Rektor zieht Josef Debbing dort ein. Er gründet am 2. März 1924 den katholischen Arbeiterverein, dessen erster Präses er ist. Der Verein zählt 69 Mitglieder. Es findet ein sehr reges Vereinsleben statt. Schon am 27. Juni 1926 wird die erste Fahne geweiht. Sie zeigt auf der Vorderseite das Bild vom heiligen Josef, dem Patron des Vereins und der Kirchengemeinde, und auf der Rückseite das St. Josefshaus.

26. Loestraße in Alt-Marl um 1910. Durch die Bezeichnung Loestraße wird die Erinnerung an die Bedeutung des Hauses Loe für Marl festgehalten. Auf die Entwicklung der Marler Verhältnisse hat das Haus Loe starken Einfluß genommen. Seit Mitte des 13. Jahrhunderts sind Geschlecht und Burg des Hauses Loe im Vest Recklinghausen nachweisbar. Im Jahre 1130 ist zum ersten Mal von einer Familie von Loe in einer Urkunde zu lesen, die sich auf Wessel Cramp vam Loe bezieht, dem bis zur Erlöschung des Geschlechts im Mannesstamm im Jahre 1705 viele seines Namens folgen. Noch weitere hundert Jahre bleibt der Name durch Einheiratung erhalten. 1705 kommt Haus Loe in Fremdbesitz. Nach vielen Besitzerwechseln läßt Herzog von Arenberg Haus Loe 1864 auf Abbruch verkaufen. Es kann nicht nachgewiesen werden, daß die Familie von Loe ein Marler Geschlecht ist. Es stammt vielmehr aus dem Rheinland. Im deutschen Adelslexikon wird der Name 'Loe' als rheinischer Uradel keltischen Ursprungs aufgeführt. Im Rheinland werden die 'Edlen von Loe' 1139, 1181, 1185 und 1200 urkundlich als Zeugen verschiedener Rechtshandlungen erwähnt.

27. Das alte Amtshaus in der Vikariestraße in Alt-Marl im Jahre 1913. Der Sitz der Marler Amtsverwaltung wird am 30. Januar 1882 begutachtet. Aufgrund seines Zustandes wird der Entschluß gefaßt, den Fachwerkbau zu verkaufen und ein neues Amtshaus zu errichten. Am 13. Juni 1884 brennt der Fachwerkbau ab. Am selben Ort werden 1885 ein Amtshaus aus Ziegelsteinmauerwerk, eine zweieinhalbgeschossige Amtmannwohnung und Anbauten für Pferdestall, Wagenremisen sowie eine Scheune errichtet. Am 17. September 1885 wird der Grundstein zum neuen Amtshaus gelegt. Am 15. Juni 1901 wird das alte Spritzenhaus mit seinem Arrestlokal abgebrochen. Die Arrestzellen werden daraufhin im Keller des Amtshauses eingerichtet. Im Laufe der Jahre stellt sich heraus, daß das Amtshaus zu klein wird. Die Amtsverwaltung hat 1910 bereits einen Personalstand von 42 Personen. Bis zum 19. Mai 1922 ist die Amtsverwaltung räumlich in vier verschiedenen Häusern untergebracht. Am selben Tag ist das neue Amtshaus fertiggestellt. Auch die Anbauten gehören weiterhin mit zum Amtshaus. Ende der sechziger Jahre wird das Amtshaus an die Polizei vermietet.

28. Das Karmeliterkloster Leuchterhof um 1890. Das ehemalige Gut liegt zwischen Marl und Polsum. Es wird 1709 vom letzten weltlichen Besitzer, Gerhard Caspar Schaumburg, für 5 000 Reichstaler gekauft und in den Jahren 1710 bis 1715 umgebaut. Stifter der Ordensniederlassung sind Gerhard Caspar Schaumburg, domkapitularischer Administrator und Jurisdiktionsrichter in Recklinghausen, und seine Ehefrau Sybilla Agnes geborene Horst. Sie vermachen am 23. März 1712 durch Testament ihr gesamtes Vermögen, bestehend aus dem adligen Gut und 12 000 Reichstalern dem Karmeliterorden mit der Auflage, nach beider Tod dort ein Kloster zu gründen. Verwandte, die vestische Ritterschaft und Teile der Geistlichkeit erheben Einspruch gegen dieses Testament. Am 1. Januar 1726 bestätigt der Kölner Erzbischof das neugegründete Kloster. Die Bestätigung des römischen Ordensgenerals erfolgt am 16. Juni 1726 und die der niederdeutschen Ordensprovinz am 9. Mai 1727. Das Kloster unterliegt der Jurisdiktion des Kölner Erzbischofs und ist mit Mönchen aus dem Kloster St. Georg in Köln besetzt.

29. Das Fachwerkhaus an der Langenbochumer Straße im heutigen Ortsteil Transvaal in der Bertlicher Heide steht bis 1921 an der Marler Goethestraße, unmittelbar neben der alten Besitzung Hesterkamp. Im Jahre 1921 wird es von Klemens Große Ophoff erworben, abgerissen und in ein wenig veränderter Form in der Bertlicher Heide wieder aufgebaut. Die alte Hausinschrift erhält von ihm einen ins Auge fallenden Platz. Das Haus wird am 4. September 1798 von Georg und Maria Oppenhoff errichtet. Oppenhoff ist eine alte Kötterfamilie, die auf dem Plaggenbrauk in der Bauerschaft Frentrop über 300 Jahre ansässig ist, aber nichts mit den Bauernfamilien Kleine und Große Ophoff zu tun hat. Sie sind aber mit vielen anderen alten Marler Familien verwandt. Der letzte Besitzer des Kottens ist der Junggeselle Thewes, genannt Petten Henrich, daher der Name Old Petten Hus. Auf dem Bild ist das Haus, so wie es an der Goethestraße bis 1921 stand, zu sehen.

30. Der Waldhof am Weiher im Ortsteil Bertlich im Jahre 1910. Der Ortsname Bertlich ist, wie viele andere Ortsnamen, aus alten germanischen oder frühchristlichen Personennamen entstanden. Alle Namensformen von Bertlich sind aus dem Kosenamen 'Bert' (für Adalbert oder Albert) und der Ortbezeichnung 'wic' (für lateinisch 'vicus'/'Dorf') entstanden. Im Jahre 1212 wird der Ort als Berterswyk bezeichnet. Es wird dabei der Wesfall auf Bert (für Berters oder Adalberts Besitzung) betont. 1498 und 1605 lautet der Ortsname Bertelick. Es erfolgt dabei eine Ausdehnung des Kosenamens Bert auf Bertel(s), wobei die Ortsbezeichnung oder das Grundwort verkürzt wird. Im Jahre 1507 hat der Ortname Bertelinck die Bedeutung von Bertelsmann, da 'inc' oder 'ing' die Bedeutung von 'Mann' hat. Weitere Dokumente weisen in den Namen 'Bertelic', 'Bertelich' und 'Bertlich' die Ortsbezeichnung 'wic' weiter rumpfartig auf, wobei 'c' und 'ck' zu 'ch' werden. Der heutige Ortsname könnte also Bertelswich heißen. Vor der Erstbeurkundung muß der Gutsname ein anderer gewesen sein.

31. Carl-Duisberg-Straße/Ecke Sickingstraße in Hüls um 1941. Die Carl-Duisberg-Straße verläuft von der Kreuzung der Zechenbahn der Gewerkschaft 'Auguste Victoria' mit der Römerstraße nach Norden bis vor das Kraftwerk der Badischen Anilin- und Soda-Fabriken (BASF). Als die Carl-Duisberg-Straße ihren Namen erhält, gehört die Existenz der BASF, deren '100prozentige' Tochter die Gewerkschaft 'Auguste Victoria' ist, zu den 'Brücken', auf denen der Name Carl-Duisberg als Straßenname nach Marl gekommen ist. Die deutsche, chemische Industrie verdankt Dr. Carl Duisberg, der sich sowohl als Chemiker als auch als Wirtschaftler große Verdienste erworben hat, ihre weltbedeutende Entwicklung. Carl Duisberg, 1861 geboren, stirbt auf der Höhe seines Ruhmes, im Jahre 1935. Die I.G. Farben, einer der mächtigsten deutschen Industriekonzerne, wird von ihm mit größter Energie 'zusammengeschweißt'. Ihm gehören die Chemie-Riesen der damaligen Zeit an, neben Bayer Leverkusen und den Farbwerken Höchst die BASF Ludwigshafen.

32. Um 1900 wandern die ersten Protestanten nach Anwerbung durch die Zeche Auguste Victoria in Hüls zu. Sie gehören zunächst zur Kirchengemeinde Recklinghausen. Von dort werden sie zunächst auch durch Pfarrer Arndt betreut. Ab 1908 übernimmt Pfarrer Foertsch die Betreuung. An jedem zweiten Sonntag finden ab dem Sommer 1908 in der neuen Waldschule Gottesdienste statt. Mit Beginn des Schuljahres 1909/10 finden die Gottesdienste in der Schule in der Kolonie statt. Die Gemeinde Recklinghausen richtet am 1. Juli 1909 eine Hilfpredigerstelle ein, die Hüls, Brassert und Marl umfaßt. Der Kirchbau für Hüls wird vom Presbyterium Recklinghausen im Jahre 1913 beschlossen. Am 1. April 1914 wird die Pfarrstelle von dem seit 1909 in Hüls tätigen Hilfsprediger Johannes Lehmann besetzt. Damit besteht offiziell die erste evangelische Kirchengemeinde in Hüls. Am 12. Juli 1914 erfolgt auch die Amtseinführung des Pfarrers. Er versieht seinen Dienst bis zu seinem Tode im Jahre 1938. Die Pauluskirche an der Römerstraße wird, fast ein Jahr nach der Grundsteinlegung, am 10. Mai 1914 eingeweiht. Von den drei Glocken, die die Kirche erhält, müssen bereits 1917 für Kriegszwecke zwei wieder abgegeben werden.

33. Bis zum Jahre 1907 gehört Hüls schulisch zu Lenkerbeck, wo bereits eine einklassige Schule besteht, die zeitweise 110 Schüler zählt. Die erste evangelische Klasse in Hüls wird im Oktober 1907 eingerichtet und von Lehrer Bender bis zu seinem Tode im Jahre 1916 verwaltet. Ein zweites evangelisches System mit vier Klassen wird 1928 in der Jahnschule eingerichtet. Vorläufig ist die Jahnschule im Gebäude der Mittelschule untergebracht. Am 17. Juni 1930 wird die einklassige evangelische Schule in Lenkerbeck aufgehoben und die Kinder derselben werden teilweise der Jahnschule zugewiesen. Die Mittelschule wird 1932 nach langem Kampf aufgelöst. Das Gebäude bezieht nun die Rektoratsschule aus Marl. 1933 ist die Schülerzahl auf 334 angewachsen. Es müssen zwei neue Klassen eingerichtet werden. 1939 wird die deutsche Schule eingerichtet. Die Schule, bestehend aus 16 Klassen in 8 Räumen, wird ab 16. September 1940 im Gebäude der Waldschule und in Baracken untergebracht. Am 24. September 1951 erfolgt der erste Spatenstich zum eigenen Schulgebäude. Nach Abschluß aller Bauabschnitte wird die Jahnschule nach zwölf Jahren Schulraumnot am 1. Dezember 1952 feierlich übergeben.

34. Bauernhaus Wellmann, heute Tenkotten, in Drewer, Freerbruchstraße 135. Aus dem einräumigen Wohnhäusern der Jungsteinzeit entsteht im Laufe der Zeit das Fachwerkhaus. Ständer und Dachgerüst kennt man schon zur Römerzeit. Die bekannteste Art des Häuserbaus ist das Wellern. Nachdem ein Zimmermann das Fachwerk aufgerichtet hat, wird der Wellermann tätig. Diese Facharbeit des Wellermanns besteht darin, in die Felder des Fachwerkes getrocknete und behauene Holzstaken einzusetzen, bzw. senkrecht oben und unten in die ausgehauenen Vertiefungen der Fachwerkbalken hineinzupressen. Dazu werden biegsame Ruten, vorzugsweise von aufgesplissenen Faulbäumen, benutzt. Der Wellermann klebt auf dieses Flechtwerk auf beiden Seiten vorbereiteten Lehm, der mit Heu und Stroh gebunden ist. Ein Baumeister, der sich auf das Wellern verstand, wohnt in der Hofsaat des Hauses Loe in Drewer. Aus der Berufsbezeichnung entsteht auch der Familienname Weller oder Wellmann. Die Bausteine sind auf mehrere Art hergestellt worden. Die einfachste Art des Brennens, der Feldbrand, ist noch bis 1900 in Marl vorgekommen.

35. Handspritze der freiwilligen Feuerwehr Alt-Marl aus dem Jahre 1909. In den Jahren 1909 und 1910 wird neben einer Anzahl von Kleingeräten wie Anstelleitern, Nebelhörnern, Kerzenlaternen, Feuerpatschen, Einreißhaken und Schlauchmaterial auch eine Handspritze für die freiwillige Feuerwehr in Alt-Marl angeschafft. So steht für die Brandbekämpfung eine Handspritze zur Verfügung. Sie entspricht als Druckspritze jedoch nicht den Erfordernissen. Erforderlich ist eine Saug- und Druckspritze, die es ermöglicht, an Wasserstellen direkt Wasser zu entnehmen. Ende 1912 kann dann eine solche Saug- und Druckspritze zum Preis von 1 775 Mark gekauft werden. Sie muß von zwei Pferden gezogen werden. Zur Stellung des Gespanns werden einige Pferdehalter verpflichtet. Wer dann bei Alarm als erster mit seinem Gespann am Spritzenhaus zur Stelle ist, muß anspannen und die Spritze zur Brandstelle fahren, natürlich gegen entsprechende Vergütung.

36. Der Gewerkschaft Auguste Victoria liegt bereits 1905 daran, daß bei Baugesuchen vor Fertigstellung der Römerstraße vom Amtmann in Recklinghausen Entgegenkommen gezeigt wird, so daß mit den Bauten so schnell wie möglich begonnen werden kann. Laut Beschluß der Gemeindevertretung Recklinghausen vom 12. August 1910 soll der Ausbau der Römerstraße durch die Gewerkschaft Auguste Victoria erfolgen. Die Gesamtkosten für den Ausbau der Römerstraße einschließlich Erdarbeiten, Materiallieferungen, Arbeitslohn und Bürgersteige betragen 33 317,43 Mark. Von einer Ausführung aufgrund einer Ausschreibung durch die Gemeinde Recklinghausen vom Juli 1910 wird abgesehen, weil die Gewerkschaft Auguste Victoria am 20. Januar 1911 erklärt, daß durch die bereits veranlaßte Ausführung der Arbeiten eine wesentliche Verbilligung der Ausbaukosten entstehen wird. Die Gesamtlänge der ausgebauten Römerstraße von der Zechenbahn bis zur Grenze des letzten Hauses beträgt 785,20 m. Der Wegeteil außerhalb der Kolonie, der auf Gemeindekosten ausgebaut wird, beträgt 103,95 m. Auf diesen Wegeteil entfallen Kosten von 2204,97 Mark. Der Ausbau des Weges durch die Kolonie von 681,25 m erfolgt auf Kosten der Gewerkschaft Auguste Victoria. Die Gewerkschaft hat jedoch einen Anspruch auf Erstattung der Teilkosten für die Privatgrundstücke innerhalb der Kolonie. Von den dortigen Hausbesitzern werden der Gewerkschaft Straßenausbaukosten von 3 555,57 Mark bezahlt. Auf dem Foto ist die noch im Bau begriffene Römerstraße im Jahre 1918 zu sehen. Endgültig fertiggestellt wird die Römerstraße im Jahre 1923.

37. Das Dorf Polsum, im Hintergrund die Dorfkirche, im Jahre 1910. Ebenso wie die heutige Kirche liegt auch die älteste Polsumer Kirche inmitten des alten Dorfkerns. Das Fundament des Kirchturmes ist schon sehr alt. Es stammt aus dem 12. oder 13. Jahrhundert. Die Kirche zu Polsum ist später entstanden als die Marler Kirche. Erstmals wird eine 'parochia Polsheim' als Pfarrort in dem aus dem 13. Jahrhundert stammenden 'liber valoris' dokumentiert. Die Kirche ist dem heiligen Bartholomäus geweiht. Kirchturm und Kirche werden am 7. Juni 1842 durch Blitzschlag beschädigt. Ende 1844 fallen Steine aus dem Gewölbe der alten Kirche heraus. Die Kosten für einen Abbruch der alten Kirche werden auf 65 Taler, die Baukosten der neuen Kirche auf 9 000 Taler geschätzt. 1851 erfolgt die Grundsteinlegung zur neuen Kirche. Nach der Niederschrift über die Grundsteinlegung besteht die alte Kirche etwa 600 Jahre. Sie ist für 787 Seelen zu klein und so baufällig daß sie einzustürzen droht. Der noch gut erhaltene Turm wird um 10 Fuß aufgemauert. Am 12. Januar 1853 wird die Kirche in Gebrauch genommen.

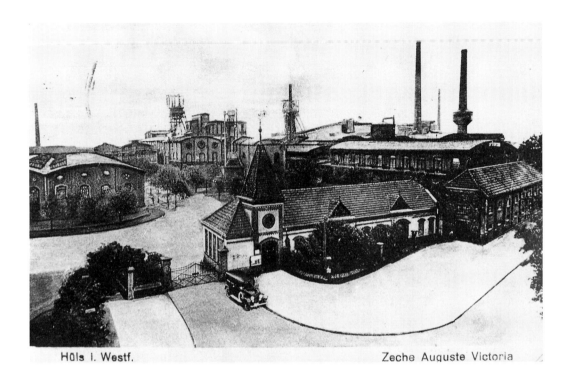

38. Haupttor der Zeche Auguste Victoria in Hüls im Jahre 1929. Kommerzienrat August Stein und Ingenieur Julius Schäfer aus Düsseldorf bringen im Jahre 1897 in Hüls Schürfbohrungen auf Steinkohle nieder. Sie werden noch im gleichen Jahr fündig. Die Bohrungen führen zur Verleihung der Grubenfelder Hansi I und II, die am 27. November 1898 zum Grubenfeld Auguste Victoria konsolidiert werden. Nach Genehmigung des Statuts der neugegründeten Gewerkschaft durch das Oberbergamt Dortmund im Jahre 1898 erfolgt die Niederbringung, zunächst des Schachtes 1, später dann ab 1903 des Schachtes 2. 1905 werden auf Schacht 2 die ersten Kohlen gefördert. Bis 1913 steigt die Kohleförderung stetig bis auf 720 000 t an, ehe durch den Ersten Weltkrieg ein Rückgang der Kohleförderung eintritt. Ab 1923 steigt sie wieder von 180 000 t auf 1,149 Mio. t. im Jahre 1929 und 1,7 Mio. t im Jahre 1943 an, ehe 1944-1945 ein weiterer Rückgang der Förderung zu verzeichnen ist.

39. Der Kotten Korte in Löntrop. Bereits 1660 wird Johan Korte im Vestischen Lagerbuch als Herrenkötter in der Bauerschaft Lenkerbeck aufgeführt. Die Contribution an die kurfürstliche Kellnerei beträgt 3/4 ort. Bis ins 14. Jahrhundert lassen sich bereits Siedlungen von Köttern zurückverfolgen. Die kurfürstlichen Kötter oder Herrenkötter saßen mit Genehmigung des Landesherrn in den Bauerschaften und Gemeinheiten. Sie stellten den größten Anteil der Kötter, waren der Kellnerei dienstpflichtig und trugen die landesherrlichen Steuern und Gemeindelasten. Daneben gab es die 'neuen' Kötter, die sich mit Genehmigung der Bauer auf deren Höfen angesiedelt hatten und dort als 'Heuerlinge' dienten. Sie waren nicht verpflichtet, etwas zur Schatzung beizutragen und Dienste zu leisten.

40. Textilgeschäft des jüdischen Kaufmanns Julius Friedlich, Hülsstraße 6. Das Geschäft soll bereits 1912 existiert haben. Die Zahl der Mitarbeiter schwankte zwischen 30 und 46. Anfang 1935 hat der Schwiegersohn Erich Koopmann das Geschäft übernommen. Wegen Boykottmaßnahmen wurde es 1936 an Karl Schräder verkauft. Es existiert noch heute als angesehenes Unternehmen in Hüls. Herr Schräder aus Greven hat das Geschäft seinem Sohn Karl Schräder gekauft und dabei den Vorbesitzer nicht übervorteilt. Trotzdem haben 'Sachzwänge der Zeitumstände' eine erhebliche Rolle beim Verkauf gespielt, denn die Situation wurde seit 1933 für die jüdischen Kaufleute in Marl immer schwieriger. Kunden, die in ihr Geschäft gingen, wurden fotografiert. Anschließend tauchte der Kopf des Kunden in irgendeinem Schaufenster auf. Darunter waren richtige Schmähgeschichten zu lesen. Zuerst wurde das Personal entlassen, dann wurde das Geschäft auf Wunsch der deutschen Bevölkerung in arische Hände überstellt. Danach ging das Geschäft ohne große Veränderung mit Ausnahme des neuen Eigentümers weiter.

41. Die Scheune Brinckmann, heute Hülsdauer Straße 20, wurde 1703 erbaut und ist im Zweiten Weltkrieg abgebrannt. Die Hausinschrift lautet: 'Brinckmann et uxor ejus Hildens pros se et liberis horrea ista exstruxerunt', d.h. 'Brinckmann und dessen Frau Hildens haben für sich und die Kinder diese Scheune errichtet'. Bereits am 12. Juli 1821 wurde der Hof wegen der unterhabenden Schlenkenbrockshove vom Besitzer durch notariellen Vertrag für 2 000 Taler von der ehemaligen Malteserkommende Hasselt abgelöst. Unter Ablösung versteht man den Freikauf eines Gutes aus Gutszugehörigkeit des Grundherrn, d.h. nach erfolgter Ablösung gehen die Eigentumsrechte an den Freikäufer über. Nach erfolgter Ablösung gilt der betreffende Bauer als neuer Eigentümer des Gutes. Vor der Ablösung durch den Besitzer hatte die Malteserkommende Hasselt die gutsherrlichen Rechte inne. Haus Hasselt einschließlich Zubehör wurde 1680 durch Kaufbrief von Freiherr von Wachtendonk auf Germenseel und Frau Freiin von Wendt vom Malteserorden erworben und von ihm zu einer Kommende eingerichtet.

Alt-Marl — Gaststätte „Zum Bügeleisen" (um 1900)

42. Die Gastwirtschaft 'Zum Bügeleisen' in Alt-Marl um 1900. Das Gebäude besitzt ursprünglich eine viereckige Form. Es steht schon 1784 und ist Eigentum der Gemeinde Marl. Die zwei Räume des Hauses werden zum Schulunterricht benutzt. Im Jahre 1791 wird es an einen Johann Ader verkauft. Er ist Drechsler und errichtet dort einen Pfeifenladen. Im Volksmund nennt man ihn 'Piepenjänsken'. Um 1830, als überall im Vest Straßenbenutzungsgebühren erhoben und Wegeschranken angelegt werden, erhält er den Zöllnerposten. Er errichtet im Haus für die bei ihm anhaltenden Fuhrleute eine Schankwirtschaft. Danach wird in dem Hause immer eine Schankwirtschaft weiterbetrieben. Nach der Heirat des Schulte-Nover mit seiner Tochter Klementine betreibt dieser die Wirtschaft auch nach dem Tode des Johann Ader weiter. Weil es durch Holzhandel und Pferdehaltung im Haus an Platz mangelt, baut Schulte-Nover nach Süden eine Küche an. Das Haus bekommt durch diesen Anbau die Form eines Bügeleisens und wird seitdem im Volksmund auch so genannt.

43. Die Tögingsmühle im Jahre 1926. Die Mühle wird um die Jahrhundertwende von August Eppert zu einem Restaurant umfunktioniert. Davor dient sie als Wassermühle, die den Bauern von Oer und Sinsen das Korn mahlt. Sie ist eine Bannmühle, d.h. die Bauern eines bestimmten Bezirks oder einer bestimmten Grundherrschaft sind bei hoher Strafe verpflichtet, nur auf dieser Mühle gegen Abgabe ihre Kornfrucht verarbeiten zu lassen. Nur dem Landesherrn steht das Recht zu, eine Mühle zu erbauen oder die Baugenehmigung dazu zu erteilen. Jede Burg weist wenigstens eine Bannmühle auf. Die in der Bauerschaft Sinsen gelegene Tögingsmühle ist eine solche landesherrliche Mühle. Überhaupt haben im Vest diese landesherrlichen Mühlen ein Übergewicht. Landesherr dieser zum Oberhof Oer gehörenden Mühle ist seit 1166 das Kölner Domkapitel. Ab 1204 wird der Oberhof Oer von dem Schultheißen Gottfried von Oer verwaltet. Das Domkapitel überträgt ihm die erbliche Verwaltung, als er sich als Lehensmann anbietet. Als Ministeriale und Fronhofsverwalter des Hofes zu Oer gelangen die 'von Oer' zu Macht und Ansehen.

44. Besitzung Hüser, frühere Scheune Schlenckert, danach Besitzung von Levin Bruns, in Polsum. Der Name Hüser zählt zur Marler Urbevölkerung. Er ist im Einwohnerverzeichnis des Amtes Marl von 1840 aufgeführt. Ein Wilhelm Hüser wohnte im Dorf Marl, Haus-Nr. 50. Er wird dort als 'arm' bezeichnet, d.h. er war dadurch von allen Diensten und Abgaben befreit. Unter den Militärpflichtigen des Jahres 1815 wird zudem ein Henrich Hüser, wohnhaft in Bossendorf, Haus-Nr. 39 mit dem Geburtsdatum 1770 genannt. Als Beruf wird darin 'Weber' angegeben. Weitere Namenserwähnungen finden sich in alten Impflisten. Dort werden Johan Henrich Hüser und Johan Wilm Hüser angegeben. Der erstere ist am 28. März 1800, der letztere am 20. Juni 1798 geboren. Beide wohnen in Marl. Die Eltern von Johan Henrich sind Wilm Hüser und Anna Maria Koch, die Mutter von Johan Wilm ist Clara Hüser. Eine weitere Bevölkerungstabelle vom Mai 1811 weist Wilhelm Hüser aus. Er wohnt im Dorf Marl, Haus-Nr. 18, ist im Jahre 1729 geboren und hat mehrere Kinder. Auch er wird als 'dürftig' ausgewiesen.

45. Gartenwirtschaft der Witwe Lueg in Lenkerbeck im Jahre 1929. Die Wirtschaft 'Zur Guten Quelle' ist ein beliebtes gastliches Haus und Ausflugslokal. Angrenzend befinden sich Wälder, Wiesen und Felder. Ausflügler und Wanderer finden hier eine gemütliche Ruhestätte, in der Witwe Lueg sehr auf das Wohlergehen ihrer Gäste achtet. Auf dem Bild ist ihre Tochter Elisabeth mit ihrem Schwiegersohn Josef Drauschke zu sehen. Witwe Lueg ist die Frau des Wirtes August Lueg. Im Adreßbuch 1927 ist die Wirtschaft in Lenkerbeck, Bahnhofstraße 8 verzeichnet. Entstanden ist sie aus einem Bauernkotten, der später als Gartenwirtschaft weitergenutzt wird. Nach dem Zweiten Weltkrieg wird das Haus unter dem Namen 'Dorfkrug' wieder aufgebaut.

46. Den 'Altmarkt' in Alt-Marl um 1900 zeigt ein Aquarell von Professor Determeyer. Es ist der alte Dorfplatz, auf dem der Markt und die Kirmes stattfinden. Er liegt unmittelbar nördlich der Marler Kirche. Als Mittelpunkt des Dorfes Marl hat dieser alte Dorfplatz eine besondere Bedeutung für das tägliche Leben der Alt-Marler Bevölkerung besessen. Nach dem sonntäglichen Kirchgang trifft man sich hier auf ein Wort beim Wirt zu einem Frühschoppen. In der Woche werden hier einfache Geschäfte, z.B. beim Schuhmacher, Drechsler, Sattler, Schmied, Mauer oder Schreiner erledigt. Auch wohnen hier der Postexpeditor und ein Polizeidiener

47. Bahnhof Sinsen. Ein Zug hält auf der 26 km langen Strecke zwischen Haltern und Wanne der im Jahre 1868-1870 gebauten Eisenbahnlinie Essen-Münster nur in Recklinghausen. Darum stellen 456 Einwohner der Ortsteile Lenkerbeck und Sinsen mit Unterstützung des Amtes Recklinghausen und der Gemeinde Marl im März 1879 den Antrag, in Sinsen eine Haltestelle einzurichten. Nach einer Mitteilung der Eisenbahn-Direktion vom 17. Februar 1882 kann der Anlage einer Haltestelle nur näher getreten werden, wenn dadurch der Eisenbahnverwaltung Kosten nicht erwachsen. Die Mittel in Höhe von 800 Mark werden am 25. August 1882 vom Amt Recklinghausen bereitgestellt unter der Bedingung, daß die Haltestelle von der Direktion an Bude 13 errichtet wird und dort alle Züge außer Güter-, Schnell- und Kurierzüge täglich zur Aufnahme von Personen halten läßt. 1885 versuchen Sinsener Bürger die Errichtung einer Güterverladestelle zu erreichen, doch das Amt Recklinghausen lehnt die Bezuschussung ab. 1902 erhält Sinsen einen Verschiebebahnhof. Der heutige Bahnhof wurde 1904 in Betrieb genommen. Das Foto zeigt den Eingang zum Dienstraum und das dort tätige Personal.

48. Das Gasthaus 'Zur Linde' in Lenkerbeck. Inhaber des Gasthauses ist Wilhelm Lueg. Er ist die Seele des Hauses und bezeichnet es selbst gern als das größte und älteste Konzertlokal von Marl. Jeden Samstag und Sonntag spielt dort Unterhaltungsmusik auf. Das Haus ist auch das Stammlokal mehrerer Marler Vereine, wie z.B. des Heimatvereins 'Länks de Biek'. Mutter Lueg kauft das Haus im Jahre 1914 von den Vorbesitzern Grimm und Peters. Später wird auch der angrenzende Kotten als Gastwirtschaft ausgebaut.

49. Das Haus Lüttinghof liegt an der Grenze zwischen Buer und Polsum am Zusammenfluß vom Hasseler Mühlenbach und dem am Buerschen Goldberg entspringenden Rapphofsmühlenbach. Die Hauptburg steht auf einer etwa 60 m langen und 25 m breiten Insel. Zwei Gebäudeflügel stoßen rechteckig aneinander und bilden den Innenhof, der über Steinbrücken zu erreichen ist. An die Steinbrücken schließt sich das Vorburggelände an, auf der eine Kapelle und die Wirtschaftsgebäude liegen. 1308 wird ein Haus 'Lütkenhof bei Palsheym' erstmalig urkundlich erwähnt. Dietrich von Flerke und seine Söhne Dietrich und Bernhard übertragen das Haus dem Kölner Erzbischof Heinrich II., um es als Lehngut zurückzunehmen. Die Burgherren sind Vasallen des Kölner Erzbischofs, der auch Landesherr im Vest Recklinghausen ist. Dietrich von Lütkenhove wird am 18. Februar 1352 als Amtmann zu Dorsten und Recklinghausen eingesetzt. Daraus entsteht für ihn die Pflicht, von den dem Landesherrn gehörenden Höfen im Vest die zu liefernden Abgaben einzufordern und an die Kellnerei auf Schloß Horneburg abzuliefern. Zeitweise wird die Burg sogar Sitz des Statthalters. Gegner des Kölner Erzbischofs sind zugleich auch die der Lüttinghofer Herren. 1363 wird Herrn Dietrich von Lütkenhove die vestische Freigrafschaft übertragen. Dadurch erhält er die Aufgabe, die Angelegenheiten der Freibauern, z.B. Güterübertragungen, Käufe, Pachtangelegenheiten oder Regelungen in der Scholvener Mark, zu ordnen und über sie Gericht zu sitzen. Ein Gerichtsplatz im Freien, auch Freistuhl genannt, befindet sich in 'dem Eichholte bei dem Lüttekenhove'. Durch Kinderlosigkeit des Dietrich von Lütgenhove wird das Lehen los und ledig, ehe im selben Jahr Johann Stecke von der Steckenberg von Erzbischof Friedrich mit der Burg belehnt wird. 1388 wird ihm die Ausübung der Freistuhlgerechtigkeit verboten. Im Jahre 1574 gehören Eigenhörige aus Polsum zum Haus Lüttinghof von denen dem Haus Pacht zufließt. Im Jahre 1681 geht das Erbholzrichteramt, 1710 das bisher zum Pastorat Polsum gehörige Markenamt an Haus Lüttinghof über. 1718 übernimmt Rudolf Benedict von Twickel das Haus, dessen Nachfahren bis heute im Besitz des Hauses sind.

50. Alte Besitzung des Schuhmachermeisters Oskar Hiltrop in Alt-Marl, Breitestraße 2. Eigentümer zur Zeit der Aufnahme ist Schuhmachermeister Johann Hiltrop. Das eineinhalb geschossige Wohn- und Geschäftshaus wird 1968 abgebrochen. Es hat eine Wohnfläche von 145 qm und eine Nutzfläche von 130 qm. Letzter Eigentümer vor Abbruch des Gebäudes ist Georg Hiltrop, Kaufmann und Inhaber einer Schuhmacherei. Der Name Hiltrop ist eng verbunden mit dem Schuhmacherhandwerk. Der am 16. Januar 1850 geborene Schuhmachermeister Oskar Hiltrop ist Begründer des Handwerkerinnungswesens in Marl und zugleich Ehrenobermeister der Schuhmacherinnung. Schon sein Vater übt das Schuhmacherhandwerk aus. Er selbst sitzt schon mit 10 Jahren in Reih und Glied mit seinem Vater und den Gesellen mit am Arbeitstisch. Mit 13 Jahren kann er in selbst gearbeiteten Schuhen das Gotteshaus zur heiligen Kommunion betreten. Seit 1874 führt er als selbstständiger Handwerksmeister sein Geschäft und verbindet es im Jahre 1886, als erster in Marl, mit einer Schuhwarenhandlung. Im Jahre 1898 regt er die Gründung der allgemeinen Handwerkerinnung an.

51. Die Hochstraße in Alt-Marl im Jahre 1911. Im Hintergrund sind noch die damaligen Fortbewegungsmittel, die Pferdefuhrwerke, schwach zu erkennen. Im Vordergrund deutet ein Strommast auf die bereits erfolgte Elektrifizierung von Alt-Marl hin. Die Hochstraße ist ein Streckenabschnitt der Straße zwischen Recklinghausen und Marl. In einer zwischen 1640 und 1700 entstandenen Karte ist diese Straße bereits eingezeichnet. Sie ist nur ein Teil der Verbindung zwischen Soest und Wesel. Zwischen 1892 und 1904 wird die Straße 'ausgebaut'. Lange Zeit halten die auf dieser Strecke fahrenden Postwagen vor dem Fachwerkhaus auf der Hochstraße 7.

52. Ehrenmal Polsum. Durch das Ehrenmal wird der Gefallenen und Vermißten Polsumer des Ersten und Zweiten Weltkrieges gedacht. Im Zweiten Weltkrieg beklagen die Polsumer bei einem dreitägigen Verteidigungskampf um Polsum im März 1945 gegen die anrückende 8. US Panzerdivision, der letztlich mit der Einnahme von Polsum endet, den Verlust von 78 Menschenleben. Grabsteine auf dem Polsumer Friedhof bezeugen diese Zahl von gefallenen Polsumern. Zwar hatten es deutsche Soldaten in Polsum fertiggebracht, die eingedrungenen Amerikaner zunächst wieder aus Polsum herauszudrängen, doch dieser Kampf um Polsum brachte Ihnen eine große Anzahl von Verletzten, Sachschäden am Kirchturm, mehrere Volltreffer in der Kirche sowie ausgebrannte Häuser und Bauernhöfe. Allein die schweren Kämpfe in der Nacht des 31. März 1945 kosten 32 Polsumern das Leben. Im Februar 1945 entsteht durch einen Bombenangriff großer Sach- und Personenschaden. Insgesamt elf Tote sowie verheerende Schäden an Kirche und Häusern sind zu verzeichnen.

53. Die Gastwirtschaft 'Jägerhof' am Steinernkreuz. Die Fassade des Fachwerkhauses, dessen Bau am 17. Juli 1860 abgeschlossen wird, hat sich bis heute nicht verändert. Noch heute ist in dem Hause eine Gastwirtschaft, die älteste an der gleichen Stelle im Stadtgebiet Marl, in Betrieb. In einer uralten Truhe finden sich Erinnerungsmedaillen aus dem vergangenen Jahrhundert und alte Urkunden. Hinter dem Gastraum, in dem die Fuhrleute einkehrten, die zwischen Recklinghausen und Dorsten unterwegs waren, befand sich eine Stuhlbinderei. 1898 wird eine Bierdruckvorrichtung mit Kohlesäureaggregat in Betrieb genommen. Ein Hektoliter Bier kostet 1912 zwanzig Mark, eine Flasche Korn wird für 0,60 Mark eingekauft.

54. Blick auf Marl aus der Vogelperspektive. Jahrhundertelang sind die Voraussetzungen für die Entstehung und Entwicklung des Dorfes Marl äußerst ungünstig. Marl liegt genau zwischen Recklinghausen und Dorsten, die den ganzen Verkehr auf sich ziehen, weil sie an den wichtigen Durchgangsstraßen liegen. Marl fehlt die wichtige Nord-Süd-Verbindung, so daß sich ein den Verkehr belebender Knotenpunkt nicht bilden kann. Die verstreut liegenden Gehöfte der einzelnen Bauerschaften sind von jedem Verkehr abgeschnitten. Nur einige Sandwege führen zu benachbarten Bauerschaften und Dörfern. So bleibt Marl bis in die Neuzeit hinein ein Bauerndorf, dessen sandige Fluren die Bewohner mehr schlecht als recht ernähren. Ausgangs des Mittelalters ist die Einwohnerzahl trotzdem verhältnismäßig groß. Gegen Ende des 16. Jahrhunderts zählt die Dorfgemeinschaft etwa 800 Einwohner. Bis in die Neuzeit hinein erlebt Marl eine wechselvolle Geschichte mit verheerenden Kriegen, Fehden, Streitigkeiten, Plünderungen, Brandschatzungen und harten Contributionen.

55. Die Kreuzung Bergstraße/Römerstraße/Victoriastraße in Hüls ist ein Verkehrsknotenpunkt, der für Hüls von großer Wichtigkeit für den Personen- und Lastkraftwagenverkehr und das Geschäftsleben ist. Die Bergstraße ist die Hauptverkehrsader und meistbefahrene Landstraße zweiter Ordnung in Marl. Auf dem Foto ist die von Recklinghausen über Sinsen nach Hüls verkehrende Straßenbahnlinie 14/24 zu sehen. Seit 1910 bemüht man sich in Sinsen und Hüls um die Einrichtung einer Straßenbahnverbindung von 2,85 Kilometern zwischen Sinsen und Hüls. Doch der Amtmann des Amtes Recklinghausen drängte auf den Bau einer 8,85 Kilometer langen Bahnstrecke Recklinghausen-Sinsen-Hüls. Nach einer landespolizeilichen Prüfung am 24. Juni 1913 konnte die Strecke am 28. Mai 1914 dem Verkehr übergeben werden.

56. Erinnerung an die Weihe des Gefangenendenkmals zu Sinsen am 29. Oktober 1922. Das Denkmal steht auf einer Anhöhe außerhalb des Ortes in einem stimmungsvollen Eichenhain. Es ist ein aus Feldsteinen erbauter Pyramidenstumpf von etwa vier Meter Höhe. An jeder der vier Seiten ist eine Sandsteintafel angebracht. Auf der Vorderseite steht: 'Die dankbare Ortschaft ehrt ihre im Weltkriege 1914-18 gefallenen Helden durch dieses Denkmal.' Die Bauerschaft Sinsen beklagt im Ersten Weltkrieg 42 an fernen Fronten gefallene Soldaten. Die Inschrift auf der Rückseite lautet: 'Wo Koale ligg, wo Ekken wasst, dao wasst auk Lü, we daobi passt.' Auf den beiden Seiten sind die Namen der Gefallenen eingemeißelt. Der erste Gedanke, die Gefallenen zu ehren, ist am 13. November 1921 entstanden. Am 15. September 1922 wird mit der Verwirklichung des von Amtsbaumeister Witt (Amt Recklinghausen) geschaffenen Entwurfs begonnen. Den Bau führt Maurermeister Gregor Scheich aus. Die Tafeln stellt der Recklinghäuser Bildhauer Staroste her. Am 29. Oktober 1922 wird das Denkmal feierlich der Öffentlichkeit übergeben

57. Möppelbrunnen im Schulhof der Bartholomäusschule in Polsum. Der Buersche Heimatkalender von 1900 erklärt, wie der Name 'Möppel' entstanden ist. Im Dreißigjährigen Krieg besetzen schwedische Reiterschwadronen Polsum. Die Polsumer ziehen daraufhin in die anliegenden Wälder, da sie wissen, daß die Schweden sich mit ihren Pferden nicht in den Wald wagen, so daß die Schweden gezwungen sind, ein Heerlager aufzuschlagen. Eine Polsumer Bauernfamilie hat bei dem überstürzten Aufbruch den 'Möppel', ihren Hofhund, vergessen. Dieser reißt sich von der Kette los und versetzt die Schweden, vor allem nachts, mit Geheul und Kettenrasseln in Angst und Schrekken. Nach drei Tagen ziehen die Schweden genervt ab, ohne Polsum zu brandschatzen. Seit der Rückkehr der Polsumer in ihre unversehrten Häuser und Höfe ist der 'Möppel' verschwunden. Er wird angeblich nie wieder gesehen.

58. Viktoriastraße in Hüls mit der Gastwirtschaft 'Stadtschänke'. Die Gastwirtschaft ist im Ruhrgebiet ein Ort der Geselligkeit und Unterhaltung für die in den Zechen schwer arbeitenden Bergleute. Der Zugang zu Gastwirtschaften ist sehr wichtig für die Bergleute denn diese bieten die Möglichkeit, sich nach getaner Arbeit zu treffen, Informationen auszutauschen, sich zu besprechen sowie der Enge der Wohnungen und den Problemen des Alltags zu entfliehen. Die weitverbreitete Schichtarbeit auf den Zechen führt jedoch dazu, daß Bergleute, die nicht in der Frühschicht arbeiten, von dieser Form des Gemeinschaftslebens ausgeschlossen bleiben. Vor allem die Industriegemeinden im Ruhrgebiet zählen zu den Gebieten mit der geringsten Kneipendichte. 78% aller erfaßten Orte im Ruhrgebiet gehören dem am schlechtesten versorgten Viertel der deutschen Gemeinden an. Da die Zahl der Gastwirtschaften trotz Zuzugs vieler Arbeitskräfte nur geringfügig zunahm oder sogar zurückging, verschlechterte sich die Versorgung mit Wirtschaften immer mehr.

59. Totalansicht des Dorfes Marl bei Einbruch der Industrie um 1900. Um die Jahrhundertwende wird im benachbarten Hüls an der Nordostgrenze des Amtes Marl mit dem Abteufen einer Doppelschachtanlage begonnen. Einige Jahre später folgt, unweit nördlich vom Dorf Marl gelegen, die Zeche Brassert. Es kommt zu einem sprunghaften Wachstum der Bevölkerung. Im Jahre 1900 sind lediglich 2 186 Gemeindemitglieder verzeichnet. Während die Gemeinde Marl 1910 noch 5 645 Einwohner zählt, sind es 1914 bereits 11 597. Die Bevölkerungszahl der Gemeinde Marl nimmt also in 14 Jahren um 431 Prozent zu. Ein buntes Völkergemisch aus Polen, Ostpreußen, Masuren, Sachsen, Österreichern, Böhmen, Kroaten und Slowenen hat sich in dieser Zeit in der Marler Heide niedergelassen.

60. Blick vom Amtshaus im Dorf Marl auf eine verschneite Winterlandschaft. Im Vordergrund ist die zur St.-Georgs-Kirche führende Breite Straße mit der bereits erfolgten Elektrifizierung des Dorfes zu erkennen. Die Spuren im Schnee stammen von den wenigen in Marl vorhandenen Personenkraftwagen und von Pferdefuhrwerken. Die Breite Straße ist eine Teilstrecke der wichtigen Ost-West-Verbindung von Dorsten über Marl nach Recklinghausen. Das Dorf Marl liegt verkehrsmäßig ungünstig zwischen den Städten, die den ganzen Durchgangsverkehr auf sich ziehen. Im Hintergrund erscheint die im Dorfmittelpunkt gelegene St.-Georgs-Kirche. Was den Standort der St.-Georgs-Kirche angeht, spricht alles, u.a. auch die Lage im Dorfmittelpunkt an einer Straßenkreuzung oberhalb eines Baches, dafür, daß die ursprüngliche Gründung der Kirche an derselben Stelle stattfand, auf der sich auch heute noch das Gotteshaus erhebt.

61. Gaststätte in Sinsen, Halterner Straße 18. Inhaber der Gaststätte ist im Jahre 1927 der Wirt Heinrich Ridder. Als Spezialität führt die Gaststätte in ihrer Ia-Küche Bauernstuten mit Schinken. Im Ausschank befindet sich Bochumer Schlegel-Bier. Die Gaststätte verfügt ferner über einen großen Saal und gemütliche Gesellschaftsräume. Das Gründungsjahr der Gaststätte ist 1865. Der Name Ridder zählt zur Sinsener Urbevölkerung. Er ist im Lagerbuch des Vestes Recklinghausen von 1660 aufgeführt. Ein Gerrit Ridder wohnte in der Bauerschaft Sinsen. Er wird als Höfener bezeichnet und ist mit drei Reichstalern Contribution abhängig vom Damenstift Flaesheim. Weiterhin wird ein Bauer Ridder in einer Liste der Abgaben und Dienste von Eigenbehörigen aus dem Amt Marl, aufgestellt um 1805, in der Bauerschaft Sinsen als Eigenbehöriger des Stiftes Flaesheim bezeichnet. Der Hofesgrund wird darin mit 50 Scheffel Ackerland, 4 Scheffel Wiesen und 4 Scheffel Erlengewächs angegeben.

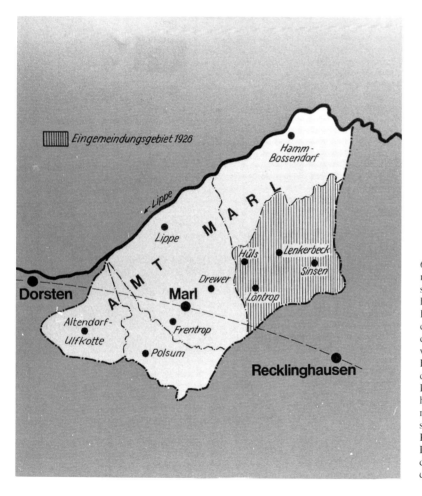

62. Das Amtsgebiet Marl nach der Eingemeindung im Jahre 1926. Durch das Gesetz über die Neuregelung der kommunalen Grenzen im rheinisch-westfälischen Industriebezirk vom 26. Februar 1926 wird das Amt Recklinghausen, das größte Amt des Landkreises mit einer Einwohnerzahl von 64 167 auf einer Fläche von 10 575 Hektar bestehend aus den Landgemeinden Oer, Suderwich und Recklinghausen Land, aufgelöst. Die Gemeinde Marl erhält am 1. April 1926 von der Landgemeinde Oer im Westen einen Teil der Ortschaft Sinsen und von der Landgemeinde Recklinghausen die Ortschaften Hüls, Lenkerbeck und Löntrop. Das Foto zeigt diese nach Marl eingemeindeten Gebiete des ehemaligen Amtes Recklinghausen.

63. Richters Kotten. Der Besitzer eines Kottens heißt Kötter. Ein Kötter steht in einem starken Abhängigkeitsverhältnis zum Grundherrn, denn dieser bezieht seine Einkünfte aus den Abgaben des abhängigen Kötters. Kötter werden meist die nachgeborenen Bauernsöhne, die wegen der geschlossenen Hofsübergabe keinen Hof erben. Es gibt kurfürstliche Kötter, Kötter der Adeligen und Markenkötter. Während die kurfürstlichen Kötter und Kötter der Adeligen mit Genehmigung des Landesherrn in den Bauerschaften und der 'Hovesaat' siedeln, erbliches Besitzrecht an ihren kleinen Höfen haben, weder schollenpflichtig sind, noch Erbteilungsansprüchen des Grundherrn unterliegen, nur einen geringen Grundzins an Kornpacht bezahlen und für den Frondienst Entschädigung erhalten, stehen die Markenkötter völlig rechtlos da. Der geringe Landbesitz der Markenkötter reicht nicht zur Viehhaltung aus. Ohne erbliches Besitzrecht können sie jederzeit ihren Besitz verlieren. Da auch der Ertrag der Landwirtschaft nicht zum Leben ausreicht, sind sie auf Nebenverdienste angewiesen.

64. Restauration 'Zur Post' in Polsum. Ansicht aus dem Jahre 1940. Im Hause 'Restauration Zur Post' des Gastwirtes Franz Hutmacher in Polsum wird am 1. April 1881 eine Posthilfsstelle eingerichtet, die dem kaiserlichen Postamt in Dorsten zugeordnet ist. Bereits am 1. Mai 1882 wird die Posthilfsstelle Polsum in eine Postagentur unter Leitung des Postinspektors Rettig umgewandelt. Von diesem Tag an bestehen folgende Postverbindungen: 7 Uhr: 1. Botenpost von Dorsten nach Marl; 8.30 Uhr: 1. Botenpost von Marl nach Dorsten; 13 Uhr: 2. Botenpost von Dorsten nach Marl; 16.30 Uhr: 2. Botenpost von Marl nach Dorsten. Der kaiserliche Oberpostdirektor in Münster schreibt am 29. März 1882 an den Gastwirt Franz Hutmacher in Polsum, daß er beschlossen habe, Franz Hutmacher die Verwaltung der Postagentur gegen die vereinbarte Vergütung von 270 Mark jährlich unter den übrigen bereits mitgeteilten Bedingungen zu überlassen. Die Eröffnung der Agentur erfolgt unter gleichzeitiger Aufhebung der Posthilfsstelle.

65. Neues Amtshaus in Alt-Marl. Bis zum 19. Mai 1922, dem Datum der Einweihung des neuen Amtshauses, ist die Amtsverwaltung räumlich an vier unterschiedlichen Orten untergebracht. Wenn der Erste Weltkrieg nicht gekommen wäre, hätte man in Marl schon 1914 ein neues Verwaltungsgebäude geschaffen. Bereits bestehende Baupläne läßt der Krieg nicht zur Ausführung gelangen. So bleibt der Büromangel – die Amtsverwaltung hat 1910 bereits einen Personalstand von 42 Personen – bis 1922 bestehen. Im Sommer 1921 beschließt die Amtsversammlung den Um- und Anbau des alten Amtshauses trotz Finanznot. Alt-Marl ist zu dieser Zeit noch von belgischen Soldaten besetzt. Hoch oben an der Fahnenstange des Amtshauses weht die belgische Fahne, vor der jeder Beamte morgens beim Betreten des Amtshauses seinen Hut ziehen muß, was die belgischen Wachposten im Schilderhaus an der Ecke strengstens zu kontrollieren haben.

66. Zum Gedenken an die im Ersten Weltkrieg gefallenen 270 Soldaten aus der Gemeinde Marl wurde am 15. November 1931 das St.-Georg-Ehrenmal eingeweiht. Ein Denkmalbauverein setzte sich dafür ein, daß Marl ein richtiges Kriegerdenkmal erhält. Als Motiv wurde die Figur des St. Georg ausgewählt. Früher gedachte man der gefallenen Soldaten unter einer Friedenseiche, die der Alt-Marler Kriegerverein von 1869 am Vorabend des Sieges- und Friedensfestes nach dem Krieg mit Frankreich vom 10. und 11. September 1871 aus dem Wald geholt und feierlich mit Zapfenstreich und Böllerschüssen eingepflanzt hat. Unter dieser Friedenseiche, eingerahmt von einem schmiedeeisernen Gitter, findet jedes Jahr eine Ehrung der Gefallenen statt. Dabei sind die Namen der Gefallenen auf großen Tafeln aufgeführt, der Krieger- und der Gardeverein treten an und es findet eine Ansprache statt. Im Rahmen des Einweihungszeremoniells für das St.-Georg-Ehrenmal erklingt, vom Quartettverein gesungen 'Des Reiters Morgenlied'. Die Weiherede wird von einem General gehalten. Heute steht das Ehrenmal in der Kirchennische auf dem Altmarkt.

67. Lindenhof in Alt-Marl, Breite Straße 37, im Jahre 1935. Inhaber ist 1927 ein Johann Freyhoff. Das altbekannte Haus führt gepflegte Getränke und besitzt eine gute Küche. Der Lindenhof wird wohl nach der eigentümlich gewachsenen Linde auf der Terrasse benannt. Der Lindenhof ist Haltestelle der Straßenbahn Recklinghausen-Dorsten und der Autobuslinie nach Buer. Die urige Bauernkneipe ist 1927 gepachtet von Anton Overberg. Mit seinem gemütlichen Gastraum und den beiden Sälen ist er bis in die sechziger Jahre Mittelpunkt vieler gesellschaftlichen Ereignisse. Man trifft sich im großen Saal, zum Beispiel zum Bürgerball und Feuerwehrfest. 1911 wird im Lindenhof der Kaisergeburtstag gefeiert. Bereits 1913 wird der große Lindenhofsaal erbaut, in dem seither viele Vereins- und Betriebsfeste, Parteiversammlungen, Tanzpartien sowie Theater- und Musikvorführungen veranstaltet werden. Auch die Veranstaltungen des Kulturrings und die Jahresfeste des 'Vereins heimattreuer Ost- und Westpreußen' und des 'Bayernvereins' finden hier statt. Während des Ersten Weltkriegs liegen hier belgische Kriegsgefangene.

68. Kotten Puppendahl in Hamm. Im Jahre 1660 werden im Lagerbuch des Vestes Recklinghausen in der Bauerschaft Huppelswich (Sickingmühle) die Kötter Willem, Berndt und Jorgen Puppendahl als Eigenbehörige des Hauses Ostendorf aufgeführt. Urkundlich wird das Haus Ostendorf schon im Jahre 1316 erstmalig erwähnt. Das Haus Ostendorf liegt nicht auf Marler Gebiet, verfügt aber über reichen Grundbesitz in der Gemeinde Hamm und hat die Wirtschaftsentwicklung des Marler Raumes entscheidend mitbestimmt. Maximilian Heinrich, Erzbischof zu Köln, tritt am 27. August 1665 an Johann von Raesfeld zu Ostendorf den im heutigen Marl belegenen Huppelschwicker Zehnten ab. Er befreit die Eigenbehörigen von den der Kellnerei zu Horneburg geschuldeten Diensten und Abgaben. Die Abgaben und Dienste darf fortan der Herr von Raesfeld selbst behalten bzw. fordern. Das Haus Ostendorf wird von seinen Leibeigenen aus Herne, Hamm und Hüppelschwick nicht besonders geschätzt. Sie verurteilen die Arroganz, aufwendige Lebensweise, große Kinderzahl und fast notorische Prozeßsucht des Hauses Ostendorf.

69. Vereidigungsformel des Johann Wilhelm Ader, Posthalter zu Marl, vom 10. April 1773. Im Jahre 1764 läßt der 'Reichs-Erb-General-Postmeister' Fürst von Thurn und Taxis die Reitpost Münster-Düsseldorf verlegen und in Marl eine kaiserliche Reichsposthalterei einrichten. Die Reichsposthalterei wird in einer Gaststätte, dem heutigen Lindenhof, eingerichtet. Kaiserlicher Reichsposthalter wird der Gastwirt Johann Wilhelm Ader, dessen eidliche Verpflichtung im Jahre 1773 anläßlich des Regierungsantritts des Fürsten Karl Anselm von Thurn und Taxis erfolgt. Der für Marl zuständige Oberpostamtsdirektor von Lilien hat jedoch einige Bedenken gegen den Ader 'als einen verschuldeten Mann'. Daher wird ihm die eigentliche Verpflichtungsurkunde auch erst Jahre später ausgehändigt. Auf Vorschlag des Vestischen Statthalters Graf von Merveldt vom 14. Mai 1777 verlegt die Reichspost nach 14 Jahren Marler Postherrlichkeit im Jahre 1778 die Reichsposthalterei von Marl nach Dorsten. Eine Rückverlegung findet trotz derartiger Bestrebungen nicht mehr statt. Bis zum Jahre 1806 bleibt die einzige kaiserliche Reichsposthalterei in Dorsten. Das Haus Thurn und Taxis erhält bereits 1517 wegen seiner Verdienste um das Postwesen die Anwartschaft auf das Amt eines obersten Post- und Kuriermeisters. Das Generalpostmeisteramt wird Leonhard I. von Taxis am 31. Dezember 1543 von Kaiser Karl V. als erstem übertragen. Das Amt des Generalpostmeisters gelangt dann als Reichsposterblehen durch kaiserliches Privileg im Jahre 1621 endgültig in die Hände des Hauses Thurn und Taxis. Seitdem sind alle Nachfolger Erbgeneralpostmeister.

70. Besitzung Riegermann in Alt-Marl, Riegestraße 4. Leider ist in Alt-Marl an alten Hausinschriften nicht mehr viel zu sehen, denn das alte Heidedörfchen hat sein Aussehen in den letzten neunzig Jahren gänzlich verändert. Viele der alten Kötterhäuser sind gänzlich verschwunden oder zu Wohn- bzw. Geschäftshäusern umgebaut worden, so daß die Tennentüren und mit ihnen deren Inschriften weichen müssen. In Alt-Marl sind nur noch drei Inschriften zu sehen. Eine von ihnen befindet sich an der Besitzung Riegermann. Die immer gut gepflegte Inschrift lautet wörtlich: 'Wer auf Got vertrauet der hat wohlgebauet im Himmel und auf Erden Johannes Henricus Mulers und Maria Catharina Schumachers auf dem Berge. Eheleute. Meister Johann Diederich Schnippert anno 1790 den 28. April.'

71. Besitzung Lohoff im Jahre 1929. Der Name Lohoff wird in den ältesten Quellen als Einwohner der Lippbauerschaft sowie der Bauerschaft Lenkerbeck aufgeführt. Im Schatzregister von 1584 werden in der Lippbauerschaft ein Wessel Lohoff und ein Joist Lohoff als Contributionspflichtige genannt. Im Vestischen Lagerbuch (1660) erscheint in der Bauerschaft Lenkerbeck der Höfener Lohoff als Eigenbehöriger des Kölner Domkapitels, während in der Lippbauerschaft der Höfener Henrich Lohoff als Eigenbehöriger des Hauses Ostendorf genannt wird. Nach der Eigentumsordnung für das Vest Recklinghausen entsteht Eigenbehörigkeit durch Übernahme eines Gutes, Hofes oder Kottens nach Leibeigentumsrechten, durch Annahme eines Gutes, das mit Eigenbehörigen besetzt war, oder durch Heirat auf ein eigenbehöriges Gut, oder durch Urteil, daß jemanden eigenbehörig zum Gut eines anderen erklärte. Fortgesetzt wird Eigenbehörigkeit durch Geburt aus einer leibeigenen Mutter oder durch Verkauf bzw. Tausch eines Gutes oder der Eigenbehörigen. Die Eigenbehörigkeit endet mit Freikauf oder Freilassung aus wichtigem Grund. Dazu zählten insbesondere die Erlernung eines Berufes des Ordens- bzw. geistlichen Standes oder eines Handwerks bzw. einer Wissenschaft.

72. Knüwers-Hof. Die Familie Knüwer gehört zur Marler Urbevölkerung, denn der Name Knüwer wird im Lagerbuch des Vestes Recklinghausen (1660) aufgeführt. Ein Gerdt Knüwer wohnt danach in Marl. Er wird als Kötter bezeichnet und ist abhängig vom Haus Horst. Im Schatzregister aus dem Jahre 1584 sind in Marl ein Herman Knüwer und ein Diedrich Knüwer verzeichnet. Aufgrund ihrer recht niedrigen Abgabenlast gehören sie nicht zu den Großbauern, die bis zu 8 Reichstalern an Abgaben zu leisten hatten. Bereits um 1540 flehen Johan und Henrich Knüver in einem Schreiben an den Kurfürsten um Hilfe und bitten um Schutz, weil ihre Eltern verstorben sind und sie nun befürchten müssen, von dem Joist von Lohe vom Hof vertrieben und ins Gefängnis geworfen zu werden. Sie schreiben, daß der in der Riege gelegene Hof von ihren Vorfahren länger als 100 Jahre bewirtschaftet wurde und sie Abgaben nach Kräften geleistet haben. Sie haben dem Haus Horneburg mit Leib und Pferden gedient und Hafer, Hühner und einen Goldgulden Dienstgeld gezahlt. Auch an das Xantener Domkapitel, den Marler Pastor und den Recklinghäuser Richter wurden Abgaben gezahlt.

73. Alte Eiche am Hof Schröder in Sinsen. Fast alle Bewohner von Sinsen gehören zum Oberhof Oer. Auch der Name Schröder(s) wird in einem Verzeichnis derjenigen Sinsener Hobsleute genannt, die dem Oberhof Oer Gespanne stellen müssen. Hobsleute sind diejenigen Personen, die Höfe besitzen, die einem eigenen Hofrecht und der Hobsgerichtsbarkeit unterliegen. Strittige Rechtssachen gehen an das Hobsgericht, das seinen Sitz im heutigen Stadtkern von Recklinghausen hat. Es gilt das Recklinghäuser Hobsrecht vom 1. April 1581, eine schriftliche Fortsetzung des bis dahin geltenden Gewohnheitsrechtes. Hobsleuten steht ein erbliches, dingliches Recht auf Hofnutzung zu. Diese 'Nutzeigentümer' bestellen dann ihr Gut nach bäuerlichen Wirtschaftsgrundsätzen und leisten ihre jährlichen Abgaben. Oberste Gesetze sind Unverkäuflichkeit und Unteilbarkeit des Hofes. Unter mehreren Kindern ist immer der älteste Sohn erbberechtigt. Ist kein männlicher Erbe vorhanden, geht das Hobsgut an die älteste Tochter. Bei Kinderlosigkeit ist der nächste männliche bzw. weibliche Verwandte erbberechtigt.

74. Die Gaststätte 'Zum Steinernkreuz' in Marl, Recklinghäuser Straße 178. Inhaber der Gaststätte ist 1927 der Wirt Heinrich Drees. Das Ausflugslokal mit schönem, schattigem Garten führt gepflegte Getränke und unterhält eine gute Küche. Soweit dem Einwohnerbuch des Amtes Marl von 1937 und den Adreßbüchern des Amtes Marl von 1927 und 1941 zu entnehmen ist, befindet sich in den Jahren von 1927 bis 1941 auf der Recklinghäuser Straße 178 die Posthilfsstelle 'Drewer, Steinern Kreuz', Fernsprecher 249. Dort kann man Postwertzeichen kaufen und auch Briefe abgeben.

75. Die alte Sickingmühle gehört zum Herrschaftsbereich des Hauses Ostendorf. In den Gewerbetabellen des Jahres 1818 werden eine Kornmühle und eine Ölmühle zu Sickingmühle aufgeführt. Die Ölmühle ist heute nicht mehr vorhanden. An dem noch stehenden Gebäude der Kornmühle befindet sich ein stark verwittertes Sandsteinwappen, eine von zwei Putten gehaltene Kartusche. Die nicht mehr vorhandene Ölmühle und die daneben stehende Kornmühle müssen im Zuge der Neueinrichtung der Getreidemühle und der Verlegung des Sickingmühler Baches sowie der Zuschüttung der Mühlenteiche nach dem Zweiten Weltkrieg weichen. Die Mühlen werden von den Wassern des damals noch nicht begradigten Sickingmühler Baches durch oberschlächtige Wasserräder angetrieben und verfügen über drei Mahlgänge.

MARL. Gemeindegasthaus

76. Das Gemeindegasthaus Marl II in Brassert, Brassertstraße 102. Der Verwalter des Gasthauses heißt im Jahre 1927 Johann Drees. Das Gasthaus führt gutgepflegte Exportbiere, Liköre, gute Weine, Schokolade und stets abgelagerte Qualitäts-Rauchwaren. Sie verfügt ferner über ein großes und kleines Gesellschaftszimmer, ein Billardzimmer, einen kleinen Saal und eine schöne Kegelbahn. Das Wohn- und Geschäftshaus Brassertstraße 102 wurde 1979 abgebrochen.

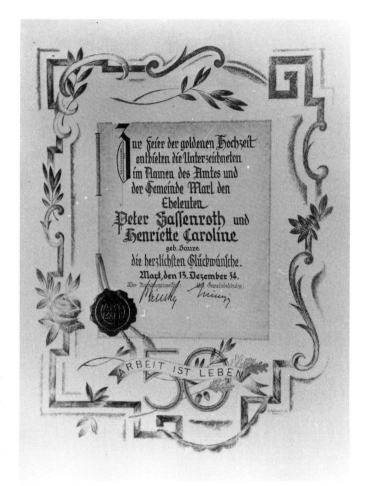

77. Entbietung von herzlichsten Glückwünschen zur Feier der goldenen Hochzeit im Namen des Amtes und der Gemeinde Marl durch den Amtsbürgermeister und den Gemeindeschulzen in Form einer Urkunde. Der Gemeindeschulze ist ursprünglich der Beamte, der die Mitglieder einer Gemeinde zur Einhaltung ihrer Pflichten gegenüber dem Landesherrn anzuhalten hat, später der Vorsteher des städtischen oder dörflichen Gemeinwesens.

78. Altes Haus Genius an der Ecke Hochstraße/Barkhausstraße. Nach einem Einwohnerverzeichnis aus dem Jahre 1840 wohnt ein Sattler Bertram Genius im Dorf Marl, Haus-Nr. 15. Im selben Verzeichnis wird der Papiermacher Joseph Genius als Bewohner des Hauses 45/2 im Dorf Marl genannt. Der am 9. Juni 1879 in Marl geborene und am 10. Juli 1957 in Marl gestorbene Friedrich Genius gilt als Marls erster Architekt. Er hat sich 1909 als Architekt in Marl niedergelassen. Nach Abbruch des Hauses werden Grund und Boden als Begräbnisplatz benutzt, woran sich folgende Begebenheit knüpft: Ein Landwirt hat mit dem Besitzer des Hauses Streit gehabt und daraufhin den Ausspruch getan: 'Unser Herrgott mag wohl klug sein, doch auf die Besitzung des Genius bringt er mich nicht wieder.' Kurz darauf stirbt der Landwirt an den Folgen einer Verletzung, die er sich beim Sprung aus einem Fenster in Buer zugezogen hat. Zwischenzeitlich aber ist das Haus Genius durch die Kirchengemeinde abgebrochen worden und der Landwirt wird als erster auf dem Platz begraben.

79. Notgeldscheine der Gemeinde Marl über eine bzw. drei Mark. Sie werden ausgestellt von der Amtskasse und sind bis zum 10. September 1914 bei Vermeidung der Ungültigkeit wieder einzulösen. Die Scheine haben schwarzen Druck auf graugrünem oder weißem Karton. Sie enthalten einen Faksimile-Unterschriftsstempel des Amtmannes Barkhaus, die Unterschrift des Gemeindeeinnehmers Haumann und einen violetten Amtsstempel. Gedruckt werden sie von der Buchdruckerei Werres in Marl. Notgeld ist fast immer die Begleiterscheinung eines größeren Krieges gewesen. Es ist nicht erklärlich, warum bei Kriegsausbruch 1914, teilweise schon vorher, Münzgeld völlig aus dem Verkehr verschwand. Man nimmt an, daß Angstkäufe der Bevölkerung, Vorratseindeckungen und dergleichen zum Verschwinden des Hartgeldes beitragen, da die Bevölkerung mehr Geld als gewöhnlich ausgibt. Noch vor Kriegsausbruch sammeln weite Teile der Bevölkerung, die den Zusammenbruch des Staates befürchten und das Vertrauen zum umlaufenden Papiergeld verlieren, Hartgeld. Dieses Geldhamstern macht sich besonders auch im Ruhrgebiet, wo Lohnzahlungen besonders große Summen ausmachen, bemerkbar und droht das Wirtschaftsleben lahmzulegen. Es bleibt kein anderer Ausweg, als die Ausgabe eigener örtlicher Ersatzgeldscheine, die überall als vollgültig gern angenommen werden. Über vierhundert Stellen im Deutschen Reich helfen sich mit solchem Notgeld.

80. Ortschaft Marl-Hüls mit Zechenanlage Auguste Victoria. Das Bild der stillen Bauerschaft Hüls hat sich verändert, als die Gewerkschaft Auguste Victoria mit dem Aufbau eines Bergwerks beginnt. In den ersten Jahren der Zechengründung umfaßt die kleine Bauerschaft nur einzelne Bauernhöfe und die Wirtschaft Trogemann. Ausgebaute Straßen waren nicht vorhanden. Die wenigen Grundbesitzer der Bauerschaft nehmen regen Anteil am schnellen Wechsel des Wirtschaftslebens. Die einen verkaufen ihren Grundbesitz ganz oder zum Teil, um Bergmann zu werden. Die anderen können durch den Verkauf die verbliebenen Ländereien rationeller bewirtschaften und ihre Produkte besser absetzen. Dadurch kommt es zu einer Erhöhung der Preise für landwirtschaftliche Produkte, so daß man einen Umschwung in der Landwirtschaft feststellt. Aber auch das private Baugewerbe profitiert von einer einsetzenden Bautätigkeit, was mit der Errichtung der Zechendörfer und dem Straßenbau zusammenhängt. In dieser Zeit machen sich auch die meisten Marler Handwerker selbständig.

81. Ludwig-Knickmann-Denkmal. Zur Zeit der Ruhrbesetzung leistet der überwiegende Teil der Bevölkerung passiven Widerstand gegen die Besetzer. Zeitweilig liegen bis zu 1 200 belgische Soldaten in Marl. Wegen tatsächlichen Widerstandes gegen eine belgische Streife fällt am 21. Juni 1923 Ludwig Knickmann in Sickingmühle. Er hat am selben Tag drei belgische Soldaten erschossen, als er den Spitzel Plantikow aus Hüls in das unbesetzte Gebiet bringen will. Durch einen Brustschuß getroffen, versinkt er in der Lippe. Am Ort des Denkmals, das am 26. Juni 1933 errichtet wird, erhält er die tödliche Kugel von den Belgiern. Er kämpft aktiv gegen die feindliche Besetzung von Rhein und Ruhr für ein freies Deutschland. Nach dem Tode von Ludwig Knickmann geht die Besatzungstruppe sehr streng vor. Sechs Wochen lang müssen die Bewohner während der festgesetzten Ausgehstunden mit erhobenen Händen laufen. Von 8 Uhr abend bis morgens 5 Uhr ist Verkehrssperre. In dieser Zeit wird ohne Anruf jeder erschossen, der sich auf der Straße aufhält. In einer Entfernung von 500 m darf sich niemand in der Nähe der Lippe aufhalten.

82. Marler Stadtwerdungsurkunde vom 20. April 1936. Schon in den dreißiger Jahren besitzt die Gemeinde städtisches Gepräge. Gemäß der 'Deutschen Gemeindeordnung vom 30. Januar 1935' ist dies Voraussetzung für die Erlangung des Stadtrechtes. Der Gemeinde Marl wird das Recht zur Führung der Bezeichnung 'Stadt' verliehen, denn durch ihre Einwohnerzahl und die Größe ihres Gebietes, durch ihre wirtschaftliche Bedeutung und die dadurch bedingte berufliche Gliederung und Wohnweise ihrer Bürger, durch ihre Verkehrslage, ihre kulturellen und sozialen Einrichtungen, besitzt sie städtisches Gepräge. Der Status einer Gemeinde, die städtisches Gepräge besitzt, wird mit der Bezeichnung 'Stadt' amtlich dokumentiert. Über die Verleihung der Bezeichnung 'Stadt' beschließt der Gemeinderat Marl am 21. Januar 1936. Der Antrag auf Verleihung ist dem Landrat in Recklinghausen und dem Oberpräsidenten der Provinz Westfalen vorzulegen. Obwohl der Oberpräsident grundsätzlich zur Verleihung bereit ist, fordert er die vorherige Stellung eines Antrages auf Verleihung eines Wappens durch die Gemeinde Marl. So erhält die Stadt Marl am 20. April 1936 durch Urkunde vom Oberpräsidenten das Recht, das Stadtwappen zu führen.

83. Der Reichs- und Königshof Bossendorf. Die Überreste eines Reichs- und Königshofes, wie er von Karl dem Großen im 8. Jahrhundert zur Befestigung seiner Herrschaft angelegt wird, finden sich in Bossendorf. Erste Versuchsgrabungen, durch Zufallsfunde veranlaßt, sind im Jahre 1901 erfolgreich. Die benachbarten Höfe liefern den Unterhalt für die Besatzungen in dieser karolingischen Burg. Als die Burg Eigentum des Frankenkönigs ist, wird sie Königshof, später, als sie dem Reich gehört, Reichshof genannt. Ein wirklicher Wall ist auf der Südseite noch vorhanden. Der einstige Lauf der Befestigungen kann noch ziemlich sicher festgestellt werden. Er weist eine Länge von 160 m und eine Breite von 120 m auf, wie sie für solche Anlagen als Normalmaß üblich sind. Diese Burgen werden vom Frankenkönig an den Land- und Wasserstraßen ins Sachsenland vorgeschoben, um mit ihnen den tatsächlichen Besitz vom Land zu ergreifen und sich zugleich Stationen für die vorübergehende Aufnahme und Verpflegung seiner Truppen zu sichern.

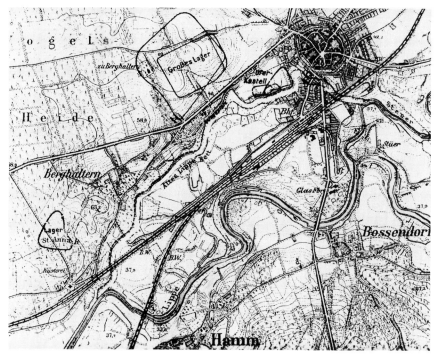

84. Lippelauf mit Kastellen aus der Römerzeit. Der alte Wasserlauf der Lippe fließt an den römischen Befestigungsanlagen entlang. Das älteste Flußbett hat sich in weit zurückliegender Zeit mit Moor zugesetzt. In diesem Moor hat sich in der Römerzeit der Fluß erneut ein Bett gewühlt, in dem er nur zwischen moorigen Ufern hinfließt. Einzelne Berichte sehen ihn für den alten Lippearm an, der 1570 verschlammt, vermoort und von einer Grasnarbe zugedeckt wird. Damals wird das Lippetal von einem Hochwasser heimgesucht. Nach diesem Hochwasser hat sich das Landschaftsbild insofern verändert, daß sich nun auf dem Gebiet des früheren Flußbetts eine mit Unrat, Schlamm und Sand bedeckte Senke befindet. Man kann seinen Lauf noch erkennen. Er fließt vom Steverknie aus entlang der südlichen Halterner Altstadtgrenze und mündet am Annaberg in die Lippe. Diese künstliche Anlage verbindet die Stever mit der Lippe. Der zwischen diesem Arm und der eigentlichen Lippe liegende Werder heißt 'Mersch'. Auf dem Annaberg wird von Drusus ein Römerlager, Kastell genannt, errichtet.

85. Federzeichnung des Reichshofes Hamm. Die Reichshöfe des Vestes Recklinghausen sind nach den Privilegien Kaiser Heinrich IV. vom Jahre 1102 an reichsfrei. Der Name Hamm leitet sich ab vom Hamme, Hämmchen oder Hameren, was soviel wie Winkel am Fluß oder Haken bedeutet. Tatsächlich liegt der Reichshof Hamm an einem Winkel der Lippe. Links im Bild sehen wir den Winkel des Lippearmes, der die Anhöhe der Burg Hamme umgibt. Die Burg ist ein Wohnturm mit Wirtschaftsgebäuden, der von einem etwa 3 m hohen Palisadenzaun umgeben ist. Dieser besteht aus geschälten und oben zugespitzten Baumstämmen, die in einem ca. 1 m tiefen Graben dicht nebeneinander gerammt werden. An beiden Ecken zur Lippe hin sind kleine Postenstände errichtet. Innen entlang verläuft ein Postengang. Vom Wege rechts im Bild aus führt eine Zugbrücke durch ein kleines Torhaus in den Burghof. Hinter dem Palisadenzaun liegt der schon lange vor der Burg errichtete Schultenhof, daneben die im 12. Jahrhundert erbaute Hl.-Kreuz-Kirche mit dem Pfarrhaus, die beide ebenfalls mit einem Wall umgeben sind.

86. Das Foto zeigt ein Spartakistengrab in Hamm. Seit 1919 breiten sich über Marl schwere Unruhen aus. Spartakisten setzen sich am 23. März 1919 in Marl fest. Die Anhänger des Spartakusbundes, einer linksradikalen, revolutionären Vereinigung, die 1917 unter Führung von Karl Liebknecht und Rosa Luxemburg entstanden ist, nennen sich Spartakisten. Sie vertreten seit der russischen Oktoberrevolution die bolschewistische Richtung und gingen später in der 'Roten Armee' auf. Diese zunächst rein politische Ausrichtung weicht allerdings schon sehr bald einer wilden, bandenähnlichen Terrorherrschaft. Durch die März-Unruhen des Jahres 1920 treten die Ereignisse im Marler Amtsbezirk in ein akutes Stadium. Am 20. März 1920 stoßen die Spartakisten aus Dortmund über Recklinghausen, Marl und Dorsten nach Wesel vor. Zu schweren Kämpfen kommt es am 23. März 1920 an der Lippe bei Hamm-Bossendorf. Neben achtzig Spartakisten und Regierungssoldaten kommt auch eine Reihe Unbeteiligter ums Leben. Am 2. April 1920 fliehen die in Marl stationierten Spartakisten. Damit sind die Unruhen in Marl beendet.

87. Die Windmühle in Bossendorf steht hoch über der weiten Lippelandschaft und vermittelt ein idyllisches Bild der Heimat, das bis heute lebendig geblieben ist. Die Mühle gehört der Familie Bönte. Die Bauern fahren links am Wohnhaus vorbei und erreichen so direkt die Mühle, die auf einem festen, ca. 3,50 m hohen Steinhügel steht. Vorn befindet sich ein großes Tor, durch das ein ganzer Bauernwagen hereinfahren kann. Die Mühle ist nicht ganz rund, auch nicht aus Steinen, sondern aus Holz. Die Seitenwände bestehen aus Brettern, die an schwere, eichene Ständer genagelt und zum Schutz gegen Regen mit Pappe bekleidet sind. Innen stehen zwei Mahlgänge, einer für Mehl und der andere für Schrot, zur Verfügung.

88. Kriegerehrenmal in Hamm. 16 Kanalarbeiter finden ihre letzte Ruhestätte am Ehrenmal. Sie kommen auf furchtbare Weise ums Leben. Beim Generalstreik im Ruhrgebiet kommt es am Lippeübergang zu Kampfhandlungen der Reichswehr gegen die Rote Armee. Am Gründonnerstag des Jahres 1920 überquert die Reichswehr in einem Kahn westlich von Thewes am Sandloch die Lippe und geht in Richtung auf die Baracken vor, die am Kanal in der Nähe des Hauses Meis stehen und von Kanalarbeitern aus Bayern bewohnt werden. Haus Meis ist einer der Brennpunkte der Kämpfe in Hamm, da dort die Verpflegung für die Roten Truppen ausgegeben wird. Die Reichswehrtruppen nehmen irrtumlich an, daß die Dorfbewohner mit den Roten halten. Sie werfen in den vollbesetzten Keller Handgranaten, so daß das Wasserleitungsrohr platzt und im Keller des Hauses Meis der Hausbesitzer und 16 Kanalarbeiter ums Leben kommen. Nur wenige entkommen diesem furchtbaren Tod.

89. Die Christ-König Kirche in Sickingmühle. Die Initiative zum Bau der Kirche geht von den Sickingmühlern aus, da der Weg zur vorherigen Pfarrkirche, die über 4 km entfernt liegt, für Alte, Kranke und Kinder sehr beschwerlich ist. Deshalb wird am 15. August 1909 der Kirchenbauverein Sickingmühle gegründet. 1919 wird der Plan zu einem Kirchenneubau von Pfarrer Dr. Einig in Münster vorgetragen. Nach Besichtigung der hiesigen Gegend durch Domkapitular Nienhaus wird der Plan jedoch zurückgestellt. 1926 arbeitet der hiesige Architekt Genius einen Bauplan aus und noch im selben Jahr weiht Pfarrer Diepenbrock den Grundstein auf Havermanns Grund und Boden. Kurz vor Weihnachten 1926 haben die Sickingmühler die Kirche mit billigen Steinen der Auguste Victoria, die die Sickingmühler Bauern kostenlos fahren, gebaut. Am nächsten Tag wird die Kirche bei einem Halterner Notar mit Grund und Boden an die Kirche Hamm gerichtlich aufgelassen. Pfarrer Diepenbrock segnet die Kirche am Hochheiligen Weihnachtstag ein und bringt das erste heilige Opfer dar.

90. Das 'Haus Silvert' ist ein seit Menschenaltern vergangenes Besitztum. Merkwürdigerweise ist es nicht in der Sickingmühler Pfarrchronik erwähnt. 1894 wird das Haus an den Bauern Pasing in Lembeck zum Abbruch verkauft. Es ist ein sehr schönes Haus, wie es zu jener Zeit weit und breit keines gibt. Es ist zweistöckig und hat ein Walmdach. Die Stuben sind über 4 m hoch. Es hat große Fenster mit acht Scheiben. Das in Sickingmühle stehende Haus wird abgebrochen und mit großer Mühe auf dem Weg bei Vahnstiege in Sickingmühle vorbei über die Lippefähre bei Ostendorf nach der Bauerschaft Strock bei Lembeck transportiert. Dort wird es wieder ganz genauso aufgebaut. Auf dem Türbalken ist folgende Inschrift eingeschnitten: '24. Juni 1845. Aufgebaut von Joseph Rive und Sophia Melcher.' Auf dem Foto, auf dem das Haus Silvert deutlich zu erkennen ist, steht es schon in Lembeck.

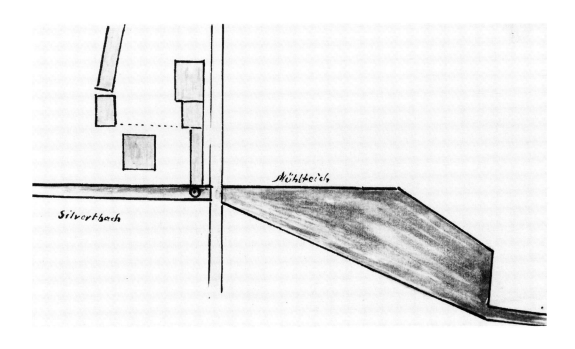

91. Grundriß des Hauses Silvert, gezeichnet nach der ersten Originalkatasterkarte im Maßstab 1:2 500. Man erkennt das herrschaftliche Haus und die Anordnung der Wirtschaftsgebäude. Hinter dem Herrenhaus liegt der rechteckige Hof, der auf der einen Seite von zwei große Scheunen, eine wohl etwa 20 m lang, auf der anderen Seite vom Stall und der Mühle begrenzt wird. Die Mühle, deren Besitzer 1842 ein Adolf Rive, Vater oder Bruder des Vorbesitzers Joseph Rive, ist, wird auch als 'Paeppler Mühle' bezeichnet. Der Silvertbach wird durch einen Damm zu einem Mühlenteich gestaut und treibt ein unterschlächtiges Wasserrad an. Die ganze Gegend, auch alle Felder auf beiden Seiten und nördlich bzw. südlich vom Silvertbach, heißt 'Silvert'.

92. 'Alte Schule' in Hamm. Noch heute ist ein Schulgebäude in Hamm unter dem Namen 'Alte Schule' bekannt, das 1797 erbaut wird. Die heute noch lesbare Inschrift über der Schulpforte lautet: 'Max Franz, Curfürst von Köln, stiftete und erbaute dieses Schul- und Vikarhaus im Jahre 1797'. Das 36 qm große Schulzimmer, das erst 1802 bezogen werden kann, wird 1869 auf 72 qm vergrößert. 1890 beträgt die Schülerzahl 115, 1899 sogar 135 Schüler. Von 1802 bis 1881 verwalten Schulvikare die alte Schule. Der erste Schulvikar ist Pater Romanus Plankermann. Von 1881 bis 1889 folgen Schulsubstituten (Vertreter), die vom Schulvikar besoldet werden. Ab 15. Oktober 1889 erfolgt nach zweijährigen Verhandlungen zwischen Bischof und Regierung die Trennung von der Kirche, d.h. fortan unterrichten Lehrer, die vom Staat berufen, besoldet und beaussichtigt werden.

93. Die Schule in Sickingmühle liegt an der Landstraße von Sickingmühle nach Haltern, etwa 1/2 km von ersterer Ortschaft entfernt. Bis 1899 müssen alle Kinder aus Sickingmühle bei Winterkälte, Glatteis, Regen und Sturm in die 4 km entfernt liegende Hammer Schule gehen. Dieser Notstand wird mit einer Regierungsverfügung vom 30. Mai 1899, die den neuen Schulbezirk für Sickingmühle und Herne sowie den Neubau einer einklassigen Volksschule festlegt, beseitigt. Die Schule wird an der Grenze von Sickingmühle errichtet, um den Kindern der Bauerschaft Herne einen näheren Schulweg zu ermöglichen. Die Schülerzahl beträgt damals 63. Um die Jahrhundertwende ist die Schule eine Heideschule im verträumten Heideort, ehe durch die Industrie und den damit verbundenen Zuzug von Arbeitskräften, bis zum Jahre 1913 die Zahl der Schüler bis auf 86 ansteigt, so daß 1915 die Lehrerdienstwohnung zum zweiten Klassenraum ausgebaut werden muß. Bis 1930 steigt die Schülerzahl auf 118, so daß aus dem ehemaligen Dienstraum im Wirtschaftsgebäude ein dritter Klassenraum geschaffen wird.

94. Die Grundsteinlegung der neuen Hammer Schule erfolgt am 24. Oktober 1929, da die alte Schule dicht am Verkehrslärm der Straße liegt weder einen Schulhof, noch eine menschenwürdige Lehrerwohnung hat und außerdem noch von Schwamm und Ameisen verseucht ist. In einer eingemauerten, versiegelten Urkunde wird der Hoffnung Ausdruck gegeben, daß das geweihte Fundament ein starker, zuverlässiger Grund sei, auf dem der Ruhm und das Ansehen unseres Schulwesens sicher ruhe. Nach heißer Debatte in der Gemeinde hat im Jahre 1928 eine Abstimmung im Gemeinderat nur eine knappe Mehrheit von 6 : 5 Stimmen für den Neubau ergeben, doch nach erneuter Abstimmung mit dem Ergebnis 8 : 1 für den Neubau am 20. März 1929, kann der Schulbau voranschreiten. Am 15. Mai 1930 findet die Einweihung der Schule statt. Der Klinkerbau mit einer Dienstwohnung liegt erhöht hinter dem alten Schulgebäude.

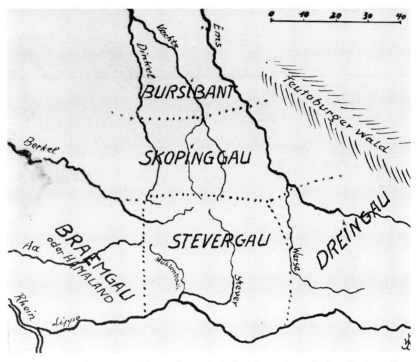

95. Einteilung unserer Heimat in Gaue (31 v.Chr.-14 n.Chr.). Das Land der Brukterer ist in fünf Gaue eingeteilt. Der Dreingau liegt östlich der Werse bis zum Teutoburger Wald. Der Stevergau, östlich und westlich der Stever, reicht von der Coesfelder Mulde im Norden bis südlich der Lippe an das große Heide- und Waldgebiet zwischen Hamm und Flaesheim. Der Braemgau (sächsisch Hamaland) grenzt westlich an den Stevergau. Der Skopinggau ist das Gebiet zwischen Havixbeck, Schöppingen, Gronau und Burgsteinfurt. Der Gau Bursibant liegt zwischen Dinkel und Ems. Die Bauernschaften unserer Heimat gehören vor 2 000 Jahren zum Stevergau. Seine Westgrenze liegt westlich der Hohen Mark und reicht von der Klye (westlich von Coesfeld) über das Quellgebiet der Bocholter Aa und des Mühlenbachs nach Süden bis zur Lippe. Die Nordgrenze bilden die Baumberge mit dem Coesfelder Becken. Die Ostgrenze verläuft von der Steverquelle bis zum Kappenberg. Die Südgrenze hat ursprünglich nicht die Lippe, sondern die Haard unter Einschluß des Bodens einer südlich der Lippe liegenden Landwehr gebildet.

96. Germanenstämme in unserer Heimat. Ursprünglich bevölkern unsere Heimat die Kelten, ein Bauernvolk, das seine Felder gut und geschickt zu bewirtschaften versteht. Sie besiedeln auch große Teile des südlichen und westlichen Europa. Als dann die germanischen Völker, die an Nord- und Ostsee wohnen, nachdrängen, weichen die Kelten nach Gallien, Spanien, England, Irland und Schottland aus, wo noch heute ihre Nachkommen leben. Etwa 1 000 Jahre besiedeln diese nordgermanischen Menschen unsere Heimat, bis sie zur Zeit Christi Geburt zum Stamm der Brukterer verschmolzen sind. Zur Zeit des Kaisers Augustus (31 v.Chr.-14 n.Chr.) bevölkern die Brukterer das Münsterland vom Teutoburger Wald bis südlich der Lippe. Nördlich wohnen die Angriovarier, nordöstlich die Chauken. Die Cherusker haben das Land beiderseits der mittleren Weser inne. An der Ruhr und im Sauerland sind die Wohnsitze der Sugambrer und Marsen.

97. Die Bossendorfer Schule wird am 14. Oktober 1909 eröffnet. Damals übernimmt sie 89 Kinder der Schule in Hamm. Zunächst wird im Schulgebäude nur eine Schulklasse unterrichtet. Wegen Überfüllung der Schule – 116 Kinder besuchen sie – wird am 1. Juni 1912 eine zweite Schulklasse eingerichtet. Die Baukosten für das Schulgebäude betragen 14 290,98 Mark. Das Schulgebäude überragt die ganze Umgebung und ist während des Kampfes der Reichswehr gegen Rotarmisten am Lippeübergang besonders gefährdet. Am 1. April 1920 steht die Schule im Brennpunkt der Kämpfe und wird stark beschädigt. Im Jahre 1945 wird sie während der Rückzugskämpfe der deutschen Truppen durch Artilleriebeschuß und ein verheerendes Feuer fast vollständig zerstört. Bis 1950 kann der Unterricht nur in einer Notbaracke stattfinden. Dieser häßliche Bau widerspricht dem dörflichen Charakter der Gemeinde Bossendorf und ist kein Schmuckstück für die Landschaft zwischen Lippe und Haard.

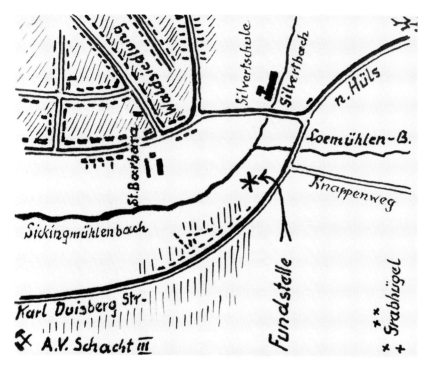

98. Fundstelle einer jungsteinzeitlichen Siedlung in der Nähe der Silvertschule in Hamm. Im Sommer 1938 beginnt die Auguste Victoria (Schacht III) auf dem Gelände östlich der Carl-Duisberg-Straße eine Siedlung zu bauen. Dank der Zechenleitung können vorher vom Landesmuseum Münster an dieser Stelle Untersuchungen angesetzt werden. Teile des Fundes sind der jungsteinzeitlichen nordischen Großsteingräberkultur zuzurechnen. Südlich der Lippe sind bis zu dem Zeitpunkt keine Gräber der Großsteingrabkultur bekannt geworden. Der Mensch der Jungsteinzeit ist schon seßhaft und hat einen festliegenden Besitz. Er hat eine etwa 16 Schritt lange und 8 Schritt breite Hütte gebaut. Als Wände dienen dünne Baumstämmchen, die in die Erde gerammt, ganz eng mit Ruten und Reisig durchflochten und dick mit Lehm bestrichen werden. Das Schilfdach reicht fast bis zur Erde. Der Rauch des Herdfeuers steigt aus dem 'Uhlenloch' unter dem First. Ein Hirt bewacht die im ungehegten Gelände grasenden Büffelkühe und jungen Wildpferde mit Lanze und Streitaxt.

99. Eingangstür des Klosters Leuchterhof. Nach einem Verzeichnis und Anschlag der frey-adlichen Güter des Vestes Recklinghausen werden diese in drei Steuerklassen nach dem Satze von 75,50 und 25 Reichstaler eingeordnet. Das Kloster Leuchterhof zählt zur zweiten Klasse. Das Kloster Leuchterhof wird ursprünglich Badengut genannt. Als Besitzer sind nach den Registern des 14. und 15. Jahrhunderts Rotger und Sander von Galen, Mitbelehnte der Vestischen Freigrafschaft, genannt. Im Strotkötter Register heißt das Gut Luchtmanns Gut. Es besitzt, wie aus den Grundakten hervorgeht, allerlei Gerechtsame und umfaßt über zweihundert preußische Morgen. Zu ihm gehört eine Vielzahl Eigenbehöriger. Der Realwert des Gutes wird auf 8 859 Reichstaler geschätzt. In der zweiten Hälfte des 16. Jahrhunderts ist Haus Leuchterhoff im Besitz der Adelsfamilie von der Capellen. Wegen Schuldüberlastung kommt es 1693 trotz Hinweis auf den Rechtsstand eines kurfürstlich kölnischen Lehens zur Zwangsversteigerung, bei der für das Gebot von 3 500 Talern dem domkapitularischen Administrator und Iurisdiktionsrichter Gerhard Caspar Schaumburg und seiner Ehefrau Sibilla Agnes Horst der Zuschlag mit der Auflage, daß die Genehmigung des Kurfürsten eingeholt wird, erteilt wird. Da eine Genehmigung nicht erfolgt, fällt das Gut 1697 an den Erben der Familie von der Capellen, Herrn von Vittinghoff-Schell, zurück. Als ein Prozeß die Lehnspflicht des Gutes nicht nachweist, erwirbt es am 17. Mai 1709 der Administrator Schaumburg zum Preis von 5 000 Talern von Vittinghoff-Schell. Durch ein Testament aus dem Jahre 1712 verschenkt das Ehepaar Schaumburg das Gut zur Gründung eines Klosters an den Karmeliterorden. Im Jahre 1730 haben sich dort die Karmeliter niedergelassen. 1803 wird die ganze Besitzung Eigentum des Herzogs von Arenberg. Die Mönche müssen das Kloster verlassen und anderswo in der Seelsorge eine Anstellung finden. Soweit sie keine finden, erhalten sie vom Herzog eine lebenslängliche Rente. Der 1806 in Marl aushelfende Mönch P. Mathias Zingsheim erhält vom Herzog eine vierteljährliche Pension.

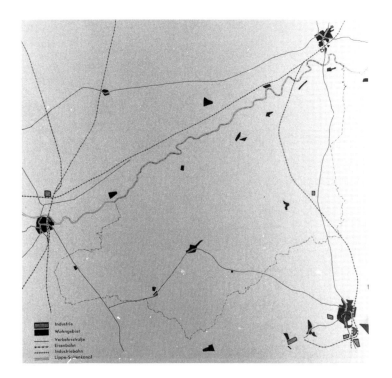

100. Übersichtskarte über den Marler Raum im Jahre 1894. Damals ist der Marler Raum ein rein agrarisches Siedlungsgebiet mit 5 700 Einwohnern. Während die Böden am Südrand des Siedlungsgebietes mittlere natürliche landwirtschaftliche Ertragsbedingungen aufweisen, stellen die fein- bis mittelkörnigen Sande, die den größten Teil des Marler Raumes bedecken, nur einen geringwertigen Ackerboden dar. Im ganzen gesehen sind die natürlichen landwirtschaftlichen Ertragsbedingungen nicht als günstig zu bezeichnen. Diese Bedingungen bieten unter den gegebenen extensiven Nutzungsmöglichkeiten nur einer beschränkten Bevölkerungszahl Arbeit und Auskommen. Der Nahrungsspielraum ist eng begrenzt. Aufgrund der schlechten Absatzmöglichkeiten wird kaum über den eigenen Bedarf hinaus produziert. Die abhängige soziale Stellung der Landarbeiter fördert in keiner Weise die Eigeninitiative, die zur Überwindung der agrarwirtschaftlichen Probleme wünschenswert gewesen wäre.

101. Übersichtskarten über die Ortschaften Hüls, Lenkerbeck und Sickingmühle. Die Herkunft des Namens 'Hüls' wird häufig mit der Hülse in Verbindung gebracht, die als Steineiche früher in den heimischen Wäldern vorherrschend gewesen sein soll. Andere führen den Namen auf die Hülsekrabbe zurück, die jahrhundertelang wesentlicher Bestandteil der Hülsheide, also des Platzes, auf dem sich der heutige Stadtteil Hüls entwickelt hat, war. Der Ortsname Lenkerbeck ist ein Bachname, entstanden aus Lenk-lar-beck (Lang-weide-bach). Gemeint ist damit das lange Lar oder das langgestreckte Gras- und Weidegebiet am Silvertbach. Der Ortsname Sickingmühle ist im 14. Jahrhundert entstanden. 'Sicinc' ist die Stelle, wo das Wasser tief in den Boden einschneidet und eine Talrinne bildet. 'Sicinc' bedeutet auch soviel wie Sickerung.

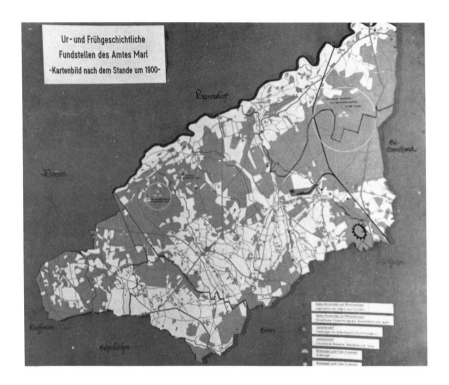

102. Kartenbild über ur- und frühgeschichtliche Fundstellen des Amtes Marl nach dem Stande um 1900. Im Raum Marl sind Funde aus der späten Altsteinzeit, Mittelsteinzeit, Jungsteinzeit, der Bronzezeit und der frühen Eisenzeit bekannt. Aus der späten Altsteinzeit (15000 v.Chr.) und der Mittelsteinzeit (15000-5000 v.Chr.) sind als Funde Lagerstätten von Jägern und Fischern sowie Feuersteingeräte und Geweihkeile und -äxte erhalten. In dieser Zeit gebrauchen die Bewohner Werkzeuge so, wie sie sie finden. Sie sind noch nicht bearbeitet. In der nachfolgenden Mittelsteinzeit sind die Werkzeuge schon für ihren Zweck als Waffe oder Messer bearbeitet worden. In der Jungsteinzeit (5000-2000 v. Chr.) sind Siedlungen von Ackerbauern und Viehzüchtern und Einzelfunde wie Keramik, Steinbeile und -äxte erhalten. Die Werkzeuge sind teils geschliffen, teils mit primitiven Mitteln zu Steinbeilen durchbohrt. Als Funde der Bronzezeit (2000-500 v.Chr.) und frühen Eisenzeit (ab 500 v.Chr.) sind Grabhügel erhalten.

103. Ausländische Zwangsarbeiter sind in Marl im Bergbau bei Auguste Victoria und der Zeche Brassert, in der Chemieindustrie bei den Chemischen Werken Hüls, aber auch anderen Bereichen der Marler Wirtschaft beschäftigt. Der Bergbau wird bereits 1941 bevorzugter Bereich für den Einsatz sowjetischer Kriegsgefangener und Ostarbeiter, die schon bald den höchsten Ausländeranteil in diesem Bereich stellen. Bei Auguste Victoria arbeiten im Januar 1945 2 338 ausländische Zwangsarbeiter bei einer Gesamtbelegschaft von 6 356. Die Zeche Brassert beschäftigt im September 1944 975 ausländische Zwangsarbeiter bei einer Gesamtbelegschaft von 2 962. Bei den Chemischen Werken Hüls arbeiten 1944 3 240 ausländische Zwangsarbeiter bei einer Gesamtbelegschaft von 8 847, hauptsächlich aus Polen und der Sowjetunion. Genaue Zahlen aus allen übrigen Bereichen liegen nicht vor. 1944 arbeiten in Marl etwa 10-12 000 Ausländer, bei einer Einwohnerzahl von rund 40 000. Untergebracht sind die ausländischen Zwangsarbeiter in Lagern, die sich auf das Ortsgebiet von Marl verteilen.

104. Fachwerkhaus an der Loestraße 16 in Alt-Marl. Dieses schöne Fachwerkhaus, das vor mehr als 170 Jahren erbaut wird, fällt 1973 der Spitzhacke zum Opfer, weil die Besitzer das Haus abreißen und ein modernes vierstöckiges Wohn- und Geschäftshaus bauen lassen. Die Geschwister Schrief, denen das Fachwerkhaus gehört, sollen für die Wohnungen in dem Haus keine Mieter mehr gefunden haben. Auch die im Fachwerkhaus befindliche Bäckerei wird geschlossen, weil sie unrentabel geworden sein soll. Ebenso wie das als Stadtmuseum genutzte Gebäude am Mühldamm wird das seit Generationen im Familienbesitz befindliche Fachwerkhaus an der Loestraße in den 170 Jahren baulich kaum verändert.

105. Altes Forsthaus Loe an der Hagenstraße. Ursprünglich ist das Forsthaus ein Schafstall des Hauses Loe. Nach Abbruch der Burg Loe im Jahre 1864 wird der Schafstall zum Forsthaus erweitert und umgebaut. Das Teilstück des Kaminsteins der ehemaligen Burg Loe wird in die Hauswand eingebaut. Es stammt aus dem Rittersaal der ehemaligen Burg Loe. Ende der siebziger Jahre wird es aus dem Mauerwerk des Forsthauses herausgenommen. Heute steht es im Stadtmuseum. Es zeigt das Wappen der Familie vom Loe zum Loe und Dorneburg und in französischer Sprache den 'Wahlspruch' der Familie, zu deutsch: 'Wer hoch hinaus will, fällt sehr tief.' Am Fußende des Steins steht noch die Inschrift: 'Dietrich vom Loe zum Loe und Dorneburg – Mechthild von Lintloe zur Wallfahrt.'

106. Die Alte Wassermühle in Bertlich gehört zum Hause Hasselt. Das älteste Dokument über Haus Hasselt stammt aus dem Jahre 1530. Ein 'von Graive' wird darin als Besitzer des Hauses Hasselt angegeben. Die Besitzer von Haus Hasselt sind Patronatsherren der Polsumer Kirche. Als solche haben sie besondere Rechte. So hat die Familie des Besitzers eine besondere Bank auf dem Chor der Kirche. Sie hat ein Mitspracherecht bei Einrichtungen der Kirche und bei der Anstellung eines neuen Pastors. Auch kann einer der Kirchmeister von ihr ernannt werden. Im Jahre 1811 ist nach einer Bevölkerungstabelle der Bauerschaft Bertlich ein Henrich Nolde Pächter des Hauses. Müller zu Hasselt ist ein Wilhelm Düllmann. Im Jahre 1830 wird Haus Hasselt abgebrochen, zur gleichen Zeit jedoch eine neue Hasselter Mühle erbaut. In der Zeit von 1850 bis 1853 heißt der Mühlenpächter Kettler, der an Pacht 325 Taler zahlen muß.

107. Die Bartholomäusschule in Polsum. Die erste Schule wird in Polsum im Jahre 1718 auf dem Kirchplatz 2 errichtet. Das Gebäude ist ein Fachwerkhaus mit einem Klassenraum und einer Lehrerdienstwohnung. Beim großen Brand im April 1901 ist das Gebäude abgebrannt. Im Herbst 1901 beginnt der Neubau der Schule. Schon im Frühjahr 1902 kann dieser Neubau bezogen werden. Im Gebäude befinden sich zwei Klassenzimmer, eine Dienstwohnung für den Hauptlehrer und eine Dienstwohnung für den Lehrer. Seit Juni 1921 werden in drei Räumen vier Klassen unterrichtet. Durch diesen unwürdigen Zustand wird der Neubau einer Schule notwendig. 1927 wird mit dem Bau der jetzigen Bartholomäusschule begonnen. Die Einweihung und der Bezug der Schule erfolgt im Juli 1928. Bei der Einweihungsfeier sind anwesend: Pfarrer Leyers, Landrat Schenking, Schulrat Dr. Köster, Hauptlehrer Meteling, Lehrer Schröder, die Lehrerinnen Elisabeth und Johanna Schmeing, Bürgermeister Hoffmann, die Gemeinderatsmitglieder und die Bauhandwerker.

108. Dokument über die erste namentliche Erwähnung eines Stück Landes mit einem Bauernhof, auf dem sehr viel später Marl entstanden ist. Es handelt sich um das älteste Urbar der Benediktinerabtei Werden. Bei dieser Schenkung im Jahre 890 n.Chr. taucht Meronlhare (=Marl) das erste Mal als Ortsbezeichnung auf. Ins Deutsche übertragen bedeutet der Text: 'Dagubraht übergab für sein Seelenheil in Meronlhare die Hofgenossenschaft des Uualtfridi, woher die Abgabe kommt, bestehend aus neun Maß Gerste und neun Maß Roggen und fünf Maß Malz oder Braugerste und als Steuer acht Denare.' Der sächsische Edeling Dagubraht schenkt dem Kloster Werden einen Hof einschließlich der Familie des Bauern mit seinem Gesinde, der bisher zu seiner Grundherrschaft gehört. Von dieser 'frommen Tat' erhofft er sich Vorteile für sein Seelenheil. Die gesamte Hofgenossenschaft wechselt von der Grundherrschaft des Dagubraht in die des Klosters Werden, das damit auch das Recht auf die Abgaben und Steuern erhält.

109. Wahlkampf 1932. Im Frühjahr 1932 erreicht die Arbeitslosigkeit im Ruhrgebiet mit über 120 000 Arbeitslosen allein im Bergbau ihren Höhepunkt. Im Juli 1932, den letzten Tagen des Reichswahlkampfes, kommt es zu schweren Auseinandersetzungen zwischen Kommunisten und Sozialdemokraten auf der einen Seite bzw. SA und SS auf der anderen Seite, auf die dieses Foto hinweist. Die rote Fahne, Symbol aller Kommunisten und Sozialdemokraten, wird herunter gezogen, vermutlich von SA oder SS-Angehörigen. Bei den Reichstagswahlen am 31. Juli 1932 wird die NSDAP mit 230 Mandaten stärkste Fraktion im neu gewählten sechsten Deutschen Reichstag. Die KPD zieht mit 89 Sitzen in den Reichstag ein. Im Ruhrgebiet liegt der Stimmenzuwachs der NSDAP unter dem Reichsdurchschnitt, während die KPD in den Revierstädten überdurchschnittliche Stimmen gewinnt. Die Hitler-Partei schneidet am schlechtesten in Städten mit hohem Arbeiteranteil ab, in denen die KPD ihre besten Ergebnisse erzielt. Die Wähler der NSDAP kommen vornehmlich aus der unteren Mittelschicht sowie aus den Reihen der kleinen Angestellten, Beamten und Selbständigen aus Furcht vor dem Absinken ins Proletariat. Das Anwachsen der radikalen Parteien nach dieser Wahl sowohl auf der linken als auch auf der Rechten macht die Bildung einer parlamentarischen Mehrheitsregierung aus bürgerlichen Parteien und Sozialdemokraten unmöglich. Als der Reichstag am 12. September 1932 eine Notverordnung des Minderheitskabinetts unter Franz von Papen aufhebt, löst Reichspräsident Paul von Hindenburg das gerade gewählte Parlament auf. Bei der am 6. November 1932 stattfindenden erneuten Wahl verliert die NSDAP 34 Mandate, während die KPD ihr Ergebnis nochmals verbessert.

110. NS-Dienststelle Brassert 1934. Die nationalsozialistische Bewegung hat schon vor 1930 in Marl einige Wenige erfaßt, ohne in der Organisationsform einer Ortsgruppe Fuß zu fassen. Die alte Ortsgruppe Marl der NSDAP wird im Frühjahr 1930 durch den Gauleiter Florian gegründet. Später sind daraus die beiden Ortsgruppen Marl und Brassert entstanden. Erster Ortsgruppenleiter ist der Rittmeister a.D. Maske, ein Angestellter der Zeche Brassert. Am 1. Dezember 1930 wird dann Paul Becker mit der Führung der Ortsgruppe beauftragt. Als er die alte Ortsgruppe Marl übernimmt, zählt sie 17 Mitglieder. 1940 haben die Ortsgruppen Marl und Brassert bereits eine Mitgliederzahl von rund 700. Allein auf die Ortsgruppe Brassert entfallen davon 400 Mitglieder. Bis Mitte 1932 ist die Geschäftsstelle der Ortsgruppe in der Wohnung des Ortsgruppenleiters. Im Sommer 1933 wird im Anbau der Wirtschaft Bromen, als dieser zu klein wird, im Hause Brassertstraße 84c die NS-Dienststelle Brassert eingerichtet, die bis 1940 von der Ortsgruppe Marl-Brassert benutzt wird.

111. Die Lippe bei Hervest. Flüsse sind seit jeher die bevorzugten Verkehrswege in Gebieten, die wenig oder gar nicht erschlossen sind. Auch die Lippe dient als Verkehrsader vom Rhein zum Wesergebiet. 1820 beträgt der gesamte Güterverkehr auf der Lippe 420 120 Zentner. Das Vest Recklinghausen ist daran wesentlich beteiligt, denn die Lippe ist damals der natürliche Handelsweg. Gründe für den regen Schiffsverkehr auf der Lippe im 19. Jahrhundert sind der Holz- und Getreide-, Erz- und Salzreichtum in den Ufergebieten, der Handel mit rheinischen und holländischen Waren, die Erleichterung der Ausfuhr von Dortmunder und Hörder Kohlen sowie das Fehlen von Chausseen und Eisenbahnen in Westfalen. Die Stadt Wesel setzt sich 1816 mit interessierten Städten im Märkischen Land und Münsterland in Verbindung. Man richtet auf der Lippe die erste Reihefahrt auf der Linie Wesel-Forck ein. So können regelmäßig einmal wöchentlich Güter von Holland und Köln lippeaufwärts versandt werden. Auch kann eine regelmäßige Versendung lippeabwärts eingeführt werden.

112. Oberhalb von Forck ist die Lippe durch eine Vielzahl von Mühlen versperrt. 1818 wird trotz der Mühlen zu Horst und Dahl eine zweite regelmäßige Stationsfahrt von Forck bis Lünen, 1819 trotz der Mühlen zu Beckinghausen, Werne, Stockum, Hamm, Heessen, Üntrop, Kesseler und Benninghausen eine weitere regelmäßige Fahrt von Lunen bis Lippstadt eingerichtet. Bei den Mühlen müssen die Güter umgeladen werden. Am 6. Juni 1819 gestattet der König die Schiffbarmachung der Lippe. Die ersten Schleusen zu Dahl und Horst werden am 1. Juli 1823 der Schiffahrt übergeben, so daß die Strecke bis Lünen Mitte 1823 frei wird. Die Schleusen zu Beckinghausen und Werne werden 1824, jene zu Stockum 1825 fertig, so daß 1825 die Strecke bis Hamm frei wird. Am 3. August 1826 wird die Doppelschleuse zu Hamm, am 15. Oktober die Schleuse zu Heessen, am 7. November die zu Vogelsang, 1827 die zu Üntrop, am 29. Juli 1828 die zu Kesseler, am 28. Oktober 1828 die zu Benninghausen und am 16. November 1830 die zu Lippstadt dem Verkehr übergeben.

113. Postkarte der Deutschen Reichspost, abgeschickt am 13. August 1879 in Greven an Herrn Siebel in Marl. Am 1. Januar 1868 gibt es noch die Postverwaltungen des Norddeutschen Bundes, Bayerns, Badens und Württembergs. Am 1. Januar 1872 erscheinen die ersten Briefmarken der 'Deutschen Reichspost'. Bayern gibt bis zum Aufgehen der bayrischen Postverwaltung in die Deutsche Reichspost am 1. April 1920 eigene Briefmarken heraus. Die Postverwaltung des 1871 gegründeten Deutschen Reichs übernimmt das Postwesen Badens und wird am 1. Januar 1876 mit dem bis dahin getrennt verwalteten Telegrafenwesen zur Reichspost- und Telegrafenverwaltung vereinigt, die seit 1880 durch das Reichspostamt geleitet wird. Die Landespostverwaltungen von Bayern und Württemberg werden erst am 1. April 1920 in die Reichspost übernommen. 1919 tritt an die Stelle des Reichspostamtes das Reichspostministerium. Die Reichspost wird 1924 auch vom allgemeinen Reichshaushalt abgetrennt und als Deutsche Reichspost weitgehend verselbständigt.

114. Das auf dem Bild zu sehende Gebäude stammt aus dem Jahre 1852. Nach einer Inschrift am Giebel wird es von den Baumeistern Bußmann und Brate gebaut. Besitzer ist der Landwirt Heinrich Schulte-Bossendorf. Dieser alte Hof Bossendorf im gleichnamigen Dorf am nördlichen Fuß der Haard, hart an die Lippe stoßend, fällt der fortschreitenden Industrie zum Opfer, die das alte, friedliche Dorfhaus vom Erdboden hinwegfegt. Nach dem Abbruch hat sich der Besitzer lippeaufwärts hart südlich am Kanal neu angebaut. Der älteste Hof im Ort gehört damit der Vergangenheit an. Der Ort Bossendorf selbst liegt etwa 1 km südlich von Haltern unmittelbar am jenseitigen Lippeufer, in nächster Nähe links von der Landstraße Haltern-Recklinghausen, und wird durchschnitten von der Landstraße Flaesheim-Sickingmühle. Der ältere Name des Ortes lautet in Urkunden häufig 'Bosnippe'. Das an einem wichtigen Lippeübergang liegende Dorf soll früher sehr groß gewesen sein.

115. Der Taufbrunnen in der St.-Georgs-Kirche ist ein Zeugnis für das hohe Alter der Kirche. Der Brunnen stammt vermutlich aus dem 12. Jahrhundert und weist romanische Bauformen auf. Er ist 90 cm hoch und von schwachkonischer Form. Sein Durchmesser beträgt oben 90 cm, unten 80 cm. Den Mantel umgeben acht rundbogige Arkaden, darüber befindet sich ein Palmettenfries. Im Jahre 1933 wird er neu getönt und mit einem kunstvoll gearbeiteten Gitter und Deckel versehen. Dieser heute noch in der St.-Georgs-Kirche vorhandene Brunnen ist anscheinend schon in der im 13. Jahrhundert gebauten ersten Steinkirche vorhanden gewesen. Außer ihm und dem Turm der Kirche ist heute aus dieser Zeit nichts mehr vorhanden.

116. Über der Eingangstür zum Amtshaus Marl wird bekanntgemacht, daß 'dieser Betrieb geschlossen in der Deutschen Arbeitsfront steht'. Die Deutsche Arbeitsfront ist der nationalsozialistische Einheitsverband der Arbeitnehmer und Arbeitgeber, der 'die berufliche und soziale Vertretung aller schaffenden Deutschen' beansprucht. Die Ortsverwaltung Marl der Deutschen Arbeitsfront befindet sich im Gebäude, Brassertstraße 95a. Die Leitung obliegt dem Ortsamtsleiter Wilhelm Haupt. Die Deutsche Arbeitsfront wird nach Zerschlagung der Gewerkschaften im November 1933 als ein der NSDAP 'angeschlossener Verband' gegründet. Ihr Ziel ist die Überwindung des Klassenkampfgedankens durch den Grundsatz des 'Arbeitsfriedens'. Sie lehnt die überlieferte Trennung der Berufsorganisationen in Arbeitnehmer- und Arbeitgeberverbände ab. Die Mitglieder der verschiedenen Wirtschaftszweige sind vielmehr in 16 Fachämtern und einer Sonderdienststelle zur Urlaubs- und Freizeitgestaltung namens 'Kraft durch Freude' zusammengefaßt. Die Mitgliedschaft ist formell-rechtlich freiwillig. Dennoch wird zunehmend ein starker politischer Beitrittszwang ausgeübt. Die Deutsche Arbeitsfront ist ein politisch-soziales Machtinstrument, aber auch eigener Machtkörper, durch den die in ihm tätigen Funktionäre einen nicht unerheblichen Einfluß auf Gesetzgebung und Wirtschafts- bzw. Arbeitsverwaltung gewinnen. Am 10. Oktober 1945 wird die Deutsche Arbeitsfront durch Kontrollratsgesetz aufgelöst.

117. Fotografie von einem Ölgemälde, das Judith, 'Freiin von Loe zum Loe und Dorneburg' in einem Kleid mit angelegtem Schutzschild zeigt. Das Gemälde entsteht zu Ihrer Lebzeit und soll sich im Besitz des Barons von Knoblauch zu Hatzbach im Hannoverschen befinden. 'Judith, die wilde Hummel von Marl', geboren um 1650, ist die älteste Tochter des Dietrich von Loe zum Loe und Dorneburg, mit dem das Geschlecht in männlicher Linie ausstirbt. Zur Zeit der schwedischen Besatzung nach dem Dreißigjährigen Krieg wird sie Reiteroffizier in schwedischen Diensten. Vermutlich ist Sie protestantischer Konfession. Im Jahre 1705 besetzt Sie Haus Loe (Strevelsloe) und verteidigt sich darin gegen die vestische Ritterschaft unter Marschall von Nesselrode, der im Auftrag Ihres Schwagers Christoph Paul Dietrich von Wiedenbrück handelt. Bei Ihrem freien Abzug erhält Sie 3 000 Goldgulden als Erbentschädigung. Im Jahre 1715, als Sie erfahren hat, daß Ihre Geschwister einen Erbteil von 11 000 Goldgulden erhalten haben, strengt Sie einen Prozeß vor dem Reichskammergericht in Wetzlar gegen Ihre Geschwister an. Sie gewinnt den Prozeß und erhält von Ihren Geschwistern nachträglich 7 000 Goldgulden, 22 Silbergroschen und 8 Pfennig, wie aus den Gerichtsakten hervorgeht. Bei den Kindern Ihrer Nichte Antoinette ist Sie im Jahre 1720 Taufpatin. 1721 soll Sie als Einsiedlerin in der Eifel gestorben sein.

118. Umgebung in der Nähe des Bahnhofs Sinsen. Der Reichsbahn-Bahnhof Sinsen wird, zunächst nur als Haltepunkt, auf der Teilstrecke der Eisenbahnverbindung Köln-Wanne-Münster zwischen Wanne und Haltern eingerichtet. Diese Verbindung entspricht dem Bedürfnis nach einer direkten Bahnverbindung zwischen dem Industriegebiet und dem Münsterland. Sie erschließt das neue Kohlengebiet bei Recklinghausen und führt überall durch günstiges, bebautes Gelände. Am 1. Januar 1870 wird auf der Teilstrecke zwischen Wanne und Münster der regelmäßige Verkehr aufgenommen und die Beförderung von Personen, Gepäck, Gütern u.a. zugelassen. 1873, als schon fünf Zugpaare die Strecke befahren, ist Sinsen noch immer kein Haltepunkt auf dieser Strecke. Bis 1883 halten die Züge zwischen Haltern und Wanne nur in Recklinghausen, ehe ab 1. Juni 1883 je drei Züge in Sinsen halten. 'Gewöhnliche' Personenzüge halten in Sinsen erst ab 15. Oktober 1883. Im Zuge einer Eingemeindung kommt der ehemalige Reichsbahn-Bahnhof am 1. April 1926 von der Gemeinde Oer nach Marl. Am 1. Oktober 1950 wird der Bahnhof in 'Bahnhof Marl-Sinsen' umbenannt.

119. Die 8,3 km lange Straßenbahnlinie 6/16 von Marl nach Dorsten wird am 1. Februar 1921 in Betrieb genommen. Für den öffentlichen Massentransport der Arbeitskräfte zu ihren Arbeitsplätzen und den schnelleren Transport zu den zentralen Einrichtungen wie Ämtern, Schulen und Geschäften, beginnt man 1819 in den Großstädten (Paris), eine Pferdebahn einzurichten. Die erste elektrische Straßenbahn fährt 1881 in Berlin. Später wird auch an anderen Orten der innerstädtische Massenverkehr durch elektrische Straßenbahnen bewältigt. 1901 eröffnet die Straßenbahngesellschaft Recklinghausen Herten-Wanne (seit 1925 Vestische Kleinbahnen) im Vest Recklinghausen den elektrischen Straßenbahnbetrieb. Da das Eisenbahnnetz wegen der siedlungsverteilenden Wirkung des Bergbaus und der Unzulänglichkeit der Eisenbahnverbindungen nach der Jahrhundertwende nicht weiter ausgebaut wird, wird die Einrichtung von elektrischen Straßenbahnen besonders gefördert. Die Straßenbahngesellschaft im Vest Recklinghausen unterhält mehrere eigene Umformerwerke, in denen der ankommende Drehstrom in Gleichstrom umgewandelt wird. Für die Strecke nach Dorsten ist seit 1921 das Umformerwerk Marl zuständig. 1960 wird die Linie nach Zunahme des Individualverkehrs stillgelegt. Ein flexiblerer, vom Schienennetz unabhängiger Omnibus übernimmt den öffentlichen Personentransport.

120. Maria Ansorge wurde am 15. Dezember 1880 im Sudetenländischen Löschau geboren. 1905 tritt Sie in die SPD und die Gewerkschaft ein. Sie arbeitet als Textilarbeiterin (1911-1918) und als Zeitungsausträgerin (1918-1920) in Waldenburg in Schlesien. Später wird Sie Ehefrau eines Textilarbeiters und Hausfrau. 1910-1920 ist Sie außerdem Mitglied im Vorstand der SP und des Gewerkschaftskartells in Waldenburg. 1913 übernimmt Sie die Leitung der Frauen- und Kinderschutzkommission. Als Mitbegründerin der Arbeiterwohlfahrt (1917) wird Sie 1919 in den Waldenburger Kreistag, unmittelbar danach in die Weimarer Nationalversammlung gewählt. 1924 wird Sie Sekretärin der Arbeiterwohlfahrt in Waldenburg. Ohne Unterbrechung gehört Sie von 1919 bis 1933 der SPD-Fraktion des Deutschen Reichstages, dem Waldenburger Kreistag und dem SP-Bezirksvorstand an. Außerdem ist Sie Mitglied des zentralen Parteiausschusses (1931-1933). Nach Schutzhaft (1914-1915) und mehrfacher Inhaftierung, u.a. 1933 im KZ Waldenbuch (2 Monate) und 1944 von August bis Oktober im KZ Ravensbrück, wird Sie durch die Polen ausgewiesen. Am 16. Juli 1946 kommt Sie von Wechold, Grafschaft Hoya in Thüringen nach Marl, wo Sie vom 17. Oktober 1948 bis zum 8. November 1952 dem Wohlfahrtsausschuß des Amtes Marl angehört. Von 1952 an bis zu Ihrem Tode am 11. Juli 1955 in Dorsten ist Sie Mitglied im Rat des Amtes Marl. Desweiteren arbeitet Sie im Ausschuß für Soforthilfe des Kreises Recklinghausen mit. Als 70jährige rückt die Marlerin im November 1951 auch noch für die zweite Hälfte der ersten Legislaturperiode bis September 1953 in den Deutschen Bundestag nach. Von 1945 bis 1953 arbeitet Sie im Unterbezirksvorstand Recklinghausen und Bezirksausschuß der Arbeiterwohlfahrt mit.

121. Die Bartholomäuskirche in Polsum. Am 7. Juni 1842 ist die alte Polsumer Kirche durch Blitzschlag beschädigt worden. Für den Neubau einer Kirche ist im Jahre 1847 eine auswärtige Kollekte abgehalten worden, deren Ertrag sich abzüglich der Kosten auf 8 570 Taler beläuft. Aufgrund dieser Kollekte lehnt die Polsumer Kirchenvertretung im September 1848 den Vorschlag der Regierung, die Pfarreingesessenen sollen aufgrund ihrer Leistungsfähigkeit 5 000 Taler der Neubaukosten übernehmen und 4 000 Taler als Darlehen mit Tilgung in 37 Jahren aufnehmen, ab. Der Grundstein für die neue Kirche wird 1851 gelegt. Vor der Grundsteinlegung findet ein feierliches Hochamt statt. Am 12. Januar 1853 erlaubt der Bischof durch Einsegnung, die Kirche in Gebrauch zu nehmen. Erst am 22. Mai 1857 erfolgt die Einweihung der Kirche unter Pastor Linnemann durch den Bischof. Nach den Feierlichkeiten spendet der Bischof den Polsumern und Marlern die heilige Firmung.

Quellenverzeichnis Stadtarchiv Marl, Fotosammlung:

Foto *Signatur*

Foto	Signatur	Foto	Signatur	Foto	Signatur	Foto	Signatur
1	F.-0.595	29	F.-0.717	61	F.-0.1027	92	F.-0.1341
2	F.-0.121	30	F.-0.160	62	F.-0.983	93	F.-0.1343
3	F.-0.621	31	F.-0.561	63	F.-0.997	94	F.-0.1342
4	F.-0.946	32	F.-0.562	64	F.-0.558	95	F.-0.1326
5	F.-0.1015	33	F.-0.564	65	F.-0.376	96	F.-0.1325
6	F.-0.410	34	F.-0.648	66	F.-0.548	97	F.-0.1344
7	F.-0.749	35	F.-0.662	67	F.-0.972	98	F.-0.1324
8	F.-0.991	36	F.-0.693	68	F.-0.971	99	F.-0.1029
9	F.-0.1187	37	F.-0.750	69	F.-0.565	100	F.-0.985
10	F.-0.1207	38	F.-0.329	70	F.-0.1122	101a	F.-0.982
11	F.-0.687	39	F.-0.992	71	F.-0.995	101b	F.-0.984
12a	F.-0.659	40	F.-0.1034	72	F.-0.969	102	F.-0.981
12b	F.-0.213	41	F.-0.1002	73	F.-0.973	103	F.-0.547
13	F.-0.1162	42	F.-0.627	74	F.-0.792	104	F.-0.1305
14	F.-0.129	43	F.-0.707	75	F.-0.996	105	F.-0.987
15	F.-0.218	44	F.-0.967	76	F.-0.1038	106	F.-0.1046
16	F.-0.217	45	F.-0.119	77	F.-0.977	107	F.-0.554
17	F.-0.672	46	F.-0.628	78	F.-0.993	108	F.-0.379
18a	F.-0.1222	47	F.-0.727	79	F.-0.755	109	F.-0.116
18b	F.-0.1223	48	F.-0.125	80	F.-0.1041	110	F.-0.109
19a	F.-0.371	49	F.-0.948	81a	F.-0.1311	111	F.-0.1024
19b	F.-0.372	50	F.-0.886	81b	F.-0.1313	112	F.-0.550
20	F.-0.407	51	F.-0.306	82	F.-0.174	113	F.-0.557
21	F.-0.1023	52	F.-0.1170	83	F.-0.1330	114	F.-0.1328
22a	F.-0.1163	53	F.-0.1100	84	F.-0.1327	115	F.-0.1074
22b	F.-0.179	54	F.-0.1043	85	F.-0.1332	116	F.-0.1284
23	F.-0.651	55	F.-0.1078	86	F.-0.1128	117	F.-0.581
24	F.-0.752	56	F.-0.397	87	F.-0.1334	118	F.-0.1007
25	F.-0.194	57	F.-0.1035	88	F.-0.1338	119	F.-0.599
26	F.-0.1159	58	F.-0.1155	89	F.-0.1337	120	F.-0.947
27	F.-0.166	59	F.-0.1008	90	F.-0.1339	121	F.-0.1058
28	F.-0.167	60	F.-0.1005	91	F.-0.1340		